四川省"十四五"职业教育
省级规划教材立项建设教材

总主编：魏全斌

MINHANG
LÜKE
YUNSHU

U0659753

■ 职业教育航空运输类专业"产教融合"新形态教材 ■

# 民航旅客运输

第2版

主　编：裴明学
副主编：兰荣华　徐　丹
参　编：周　伟　张义光　许　欣

北京师范大学出版集团
BEIJING NORMAL UNIVERSITY PUBLISHING GROUP
北京师范大学出版社

**图书在版编目（CIP）数据**

民航旅客运输／裴明学主编. —2版. —北京：
北京师范大学出版社，2024.10
职业教育航空运输类专业"产教融合"新形态教材／
魏全斌总主编
ISBN 978-7-303-29452-7

Ⅰ. ①民…　Ⅱ. ①裴…　Ⅲ. ①民用航空–旅客运输–
职业教育–教材　Ⅳ. ①F562.6

中国国家版本馆CIP数据核字（2023）第208704号

MINHANG LVKE YUNSHU

出版发行：北京师范大学出版社 https://www.bnupg.com
　　　　　北京市西城区新街口外大街12-3号
　　　　　邮政编码：100088
印　　刷：北京同文印刷有限责任公司
经　　销：全国新华书店
开　　本：889 mm × 1194 mm　1/16
印　　张：11.75
字　　数：300 千字
版　　次：2024 年 10 月第 2 版
印　　次：2024 年 10 月第 1 次印刷
定　　价：43.00 元

策划编辑：王云英　　　　　责任编辑：薛　萌
美术编辑：焦　丽　　　　　装帧设计：焦　丽
责任校对：陈　民　　　　　责任印制：赵　龙

# 职业教育航空运输类专业"产教融合"新形态教材
## 专家指导委员会

### 主　任

魏全斌　四川西南航空职业学院　荣誉院长、研究员

　　　　四川泛美教育投资集团有限责任公司　董事长

### 副主任

叶　未　中国商用飞机有限责任公司四川分公司　总经理助理、人力资源部部长

王海涛　成都航空有限公司　人力资源部总经理

### 委　员

郭润夏　中国民航大学　教授

陈玉华　成都航空职业技术学院　教授

裴明学　四川西南航空职业学院　院长、研究员

龙　强　四川泛美教育投资集团有限责任公司　特聘专家

刘　桦　四川泛美教育投资集团有限责任公司　副总裁、特级教师

曾远志　四川泛美教育投资集团有限责任公司　副总裁

　　近年来，民航业飞速发展。为推进民航服务业持续、健康、高质量发展，需要培养一大批道德高尚、素质优良、技能娴熟的一专多能的民航服务人才。培养高素质的民航服务人才，既离不开高质量的学校和高水平的师资，也离不开与时代偕行的理念先进、内容丰富、形式新颖的精品教材。"民航旅客运输"是航空运输类专业的基础课，因此，我们组织修订了这本《民航旅客运输》教材。

　　本教材系职业教育航空运输类专业"产教融合"新形态教材之一，是国家示范性职业教育集团、商用飞机行业产教融合共同体项目的建设成果之一，立项四川省"十四五"省级规划教材。本教材以习近平新时代中国特色社会主义思想和党的二十大精神为指导，落实立德树人根本任务，依据中国民航局最新发布的《"十四五"民用航空发展规划》《"十四五"航空运输旅客服务专项规划》等要求，注重理论与实践的有机结合，以科学严谨的方式，帮助学生在实践中真正掌握所学知识。

　　本教材涵盖民航旅客运输服务的典型工作任务，注重学生职业技能培养，体现了"贴近社会生活、贴近民航工作实际、贴近学生特点""与职业岗位群对接、与职业资格标准对接、与实际工作过程对接"的"三贴近""三对接"的特点。本教材编写的主要目的是使航空运输类专业学生和民航业从业人员对民航运输业的发展状况及管理体制的演变，以及民航国内的和国际的旅客运价、客票销售业务、退票与运输变更、特殊旅客运输等相关知识有一个全面、真实的了解。本教材既可供各院校航空运输类专业学生使用，也可作为民航企业员工培训教材或参考资料。本教材具有以下四个特点：一是弱化"教学材料"的特征，强化"学习资料"的功能，融入课程思政；二是提供二维码，展示立体化、数字化课程资源，及时更新相关知识、典型案例及行业动态，实现教材、学习资源功能融通，引导学生由浅层次学习进入深层次学习；三是遵循项目引领、任务驱动的原则，满足模块化教学和学生学习需求，依循工种和工作任务引导学生构建逻辑思维能力；四是通过案例讲解和分析，锻炼学生信息收集能力、展示讲解能力，培养学生自主学习、独立解决问题的能力。

　　本教材的编写采用校企合作、双元开发的模式，由全国民航职业教育教学指导委员会民航安全技术管理专业委员会主任委员、研究员裴明学博士担任主编，四川西南航空职业学院兰荣华、徐丹担任副主编。参与教材编写人员及分工如下：项目一、项目二由徐丹、周伟编写，项目三、项目五由兰荣华、张义光编写，项目四由许欣编写，全书由徐丹、裴明学、张义光统稿，由成都航空有限公司市场营销中心客运业务与风险管理室客运业务专家王丽佳审稿。

在本教材编写过程中，通过国家示范性职业教育集团和商用飞机行业产教融合共同体的组织和协调，国家示范性职业教育集团的牵头单位四川西南航空职业学院组建教材编写的运行机制，凝聚了中国民航大学的教授、技术研发专家、教学专家和中国商飞四川分公司、成都航空有限公司等交通运输行业的优秀技术专家，结合国内20余家民航服务企业相关工作岗位实际，针对民航服务专业人才素质与能力的要求而编写。在教材编写时，得到全国各大航空公司和知名机场服务企业的专家提供的优秀建议，确保了教材内容的科学性。同时，教材编写得到了北京泛美星程航空服务集团有限公司的鼎力相助，提供了大量的行业经验和经典案例，从而保证了教材的实用性。在此，一并表示衷心的感谢。我们希望这本教材能够帮助更多读者掌握民航旅客运输相关的理论知识和实践技能。

受编者水平所限，教材中难免有不尽如人意之处，恳请广大读者提出宝贵的意见，以便我们修订时作进一步完善。

# 目录
CONTENTS

**1**

项目一
了解民用航空运输
常识

**27**

项目二
掌握民航旅客运输
基础知识

# 目录
CONTENTS

149

项目五
旅客运输的责任
与赔偿

# 目录
CONTENTS

云学习

项目一

了解民用航空运输常识

# 任务一
# 了解中国民用航空运输业的发展历程和现状

1. 了解中国民航各个发展阶段的特点。
2. 掌握中国民航的运输量和世界排名情况。

　　航空运输简称"空运"，是指以营利为目的在国内和国际航线上使用航空器从事定期和不定期飞行，运送旅客、行李、货物和邮件的运输活动。航空运输是20世纪出现的一种新型运输方式，具有快速、机动的特点。随着现代社会经济与科技的发展，航空运输在现代社会生活中占据着越来越显著的地位，发挥着越来越重要的作用。

　　中国民航起步于1920年，比世界民航起步仅晚了一年，在这一年开通了国内第一条航线，即京沪线北京至天津航段。在新中国成立之前，中国民航取得了一定的发展，到1936年年底全国航线里程就已超过了2万千米。抗日战争全面爆发后，中国民航中止了在全国范围内的发展，担当起联系我国和世界反法西斯组织纽带的重任。抗战胜利后，中国民航得到了一定程度的恢复和发展，截至1949年10月，中国民航有从业人员6000多人，国内外航线52条，总里程近8万千米。

　　新中国成立后，政府很重视民航的发展，在1949年11月2日成立了中国民用航空局，揭开了我国民航事业发展的新篇章。从这一天开始，中国民航迎着共和国的朝阳起飞，经历了由弱到强的不平凡历程。民航事业的发展与国家的经济发展，与党中央、国务院的直接领导和支持密不可分，是几代民航人励精图治、团结奋斗的结果，为祖国蓝天事业书写了壮丽的篇章。

　　新中国成立后，结合中国民航管理体制的改革，中国民航的发展至今主要历经了四个阶段。

## 一、第一阶段（1949—1978年）：筹建时期

　　1949年11月2日，中共中央政治局会议决定，在人民革命军事委员会下设民用航空局，受空军指导，局长由钟赤兵（见图1-1）担任。11月9日，著名的"两航"起义为新中国民航建设提供了一定的物资和技术力量，是一次有重大意义的爱国举动。1950年新中国民航初创时，仅有30多架小型飞机，年旅客运输量仅1万人次，运输总周转量仅157万吨千米。

　　1958年2月，民用航空局划归交通部领导，并于1960年11月改名为"交通部民用航空总局"。1962年4月15日，中央决

图1-1　第一任民航局局长钟赤兵

定将民用航空总局由交通部部属局改为国务院直属局，再次改名为"中国民用航空总局"（Civil Aviation Administration of China，CAAC），其业务工作、党政工作、干部人事工作等均由空军负责管理。这一时期，由于领导体制几经改变，航空运输发展受政治、经济影响较大，1978年航空旅客运输量仅为231万人次，运输总周转量3亿吨千米。

### ▶"两航"起义

"两航"起义是中国共产党领导下的一次成功的爱国主义革命斗争。"两航"系原中国航空股份有限公司（简称"中国航空公司"或"中航"）与中央航空运输股份有限公司（简称"中央航空公司"或"央航"）的简称。

经过抗日战争后期的"驼峰空运"和抗战结束之后的"复员运输"，到1948年"两航"的运输业务已有很大发展。1948年年底，"两航"共拥有C-46、C-47、DC-3、DC-4和CV-240型飞机近百架，空地勤人员6780人，成为国民党政权的重要空中交通工具。因此，当时"两航"的动向对国民党军事运输乃至整个国共双方的战场形势起着至关重要的影响。1949年8月，随着国民党在解放战争中的节节败退，"两航"总部迁到香港。此时，"两航"的航线急剧萎缩，运输业务比1948年下降了60%。"两航"迁到香港后，同英资航空运输企业之间业务利益的矛盾更加尖锐化了。1949年6月，中共中央军委副主席周恩来根据国内时局的变化和"两航"的向背作用，作出策动"两航"起义的决策。1949年11月9日，在中航总经理刘敬宜、央航总经理陈卓林的带领下，"两航"在香港宣布起义，当天"两航"12架飞机陆续从香港启德机场起飞，其中中国航空公司10架、中央航空公司2架，于当日飞回内地，11架降落在天津，另一架搭载着刘敬宜和陈卓林飞往北京。同日，香港中国航空公司、中央航空公司2000多名员工通电起义。图1-2和图1-3分别为参加"两航"起义的飞机和部分人员。

图1-2 "两航"起义的飞机

图1-3 "两航"起义的部分人员

"两航"起义是在中国共产党直接领导下的爱国壮举，是震惊中外的一件大事。毛泽东主席称之为"一个有重大意义的爱国举动"。周恩来总理称它是"具有无限前途的中国人民民航事业的起点"。"两航"起义对国民党在政治上、军事上是一个重大打击，切断了国民党政权的西南空中运输线，为人民解放军解放大西南创造了条件，加速了解放中国内地的进程。"两航"起义归来的大批技术业务人员，成为新中国民航事业建设中一支重要技术业务骨干力量，"两航"起义北飞的12架飞机和后来由"两航"机务人员修复的国民党遗留在内地的16架飞机（C-46型14架、C-47型2架）构成了新中国民航初期的机群主体。内运的器材设备成为新中国民航初期维修飞机所需的主要航空器材来源，并组建了太原飞机修理厂、天津电讯修理厂，成为发展我国航空工业和电讯研制工业的物质技术基础。

## 二、第二阶段（1978—1987年）：稳步发展时期

20世纪70年代末国家实施对外开放政策，外贸经济和旅游都得到了发展，随着1970年波音747宽体客机投入航线，航空运输业务加速增长。1980年2月14日，邓小平同志指出："民航一定要企业化。"同年3月，中国民用航空总局改为国务院直属机构，实行政企合一管理。这期间中国民用航空总局既是主管民航事务的政府部门，又是以"中国民航（CAAC）"名义直接经营航空运输、通用航空业务的全国性企业，下设北京、上海、广州、成都、兰州（后迁至西安）、沈阳六个地区管理局。

1980年，全国民航只有140架运输飞机，多数是载客量仅为20～40人的苏式伊尔14、里2型飞机，载客量100人以上的中大型飞机只有17架，机场只有79个。1980年，我国民航全年旅客运输量仅343万人，全年运输总周转量4.29亿吨千米，居新加坡、印度、菲律宾、印尼等国之后，列世界民航第35位。

## 三、第三阶段（1987—2002年）：重组扩张时期

1987年，中国政府决定对民航业实行以航空公司与机场分设为特征的体制改革。主要内容是将原民航六个地区管理局的航空运输和通用航空相关业务、资产和人员分离出来，组建六家骨干航空公司，实行自主经营、自负盈亏、平等竞争。这六家国家骨干航空公司是中国国际航空公司、中国东方航空公司、中国南方航空公司、中国西南航空公司、中国西北航空公司、中国北方航空公司。此外，以经营通用航空业务为主并兼营航空运输业务的中国通用航空公司也于1989年7月成立。同时，在六个管理局所在地的部分机场基础上，组建了民航华北、华东、中南、西南、西北和东北六个地区管理局，以及北京首都机场、上海虹桥机场、广州白云机场、成都双流机场、西安西关机场（现已迁至咸阳，改为西安咸阳机场）和沈阳桃仙机场。加上1985年成立的民航乌鲁木齐管理局，七个地区管理局既是管理地区民航事务的政府部门，又

是企业，领导管理各民航省（区、市）局和机场。航空运输服务保障系统也按专业化分工的要求进行了相应改革。1990年，在原民航各级供油部门的基础上组建了专门从事航空油料供应保障业务的中国航空油料总公司。属于这类性质的单位还有从事航空器材（飞机、发动机等）进出口业务的中国航空器材公司、从事全国计算机订票销售系统管理与开发的中国民航信息公司、为各航空公司提供航空运输国际结算服务的航空结算中心，以及飞机维修公司、航空食品公司等。在这个阶段中，我国民航运输总周转量、旅客运输量和货物运输量年均增长分别达18%、16%和16%，高出世界平均水平两倍多。2002年，民航行业完成运输总周转量165亿吨千米、旅客运输量8594万人次、货邮运输量202万吨，国际排名上升到第5位，成为令世人瞩目的民航大国。

## 四、第四阶段（2002年至今）：迅猛壮大时期

2002年3月，中国政府决定对中国民航业再次进行重组，主要内容具体有以下三个方面。

一是航空公司与服务保障企业的联合重组。民航总局直属航空公司及服务保障企业合并后于2002年10月11日正式挂牌成立，组成六大集团公司，分别是中国国际航空集团公司、中国东方航空集团公司、中国南方航空集团公司、中国民航信息集团公司、中国航空油料集团公司、中国航空器材进出口集团公司。成立后的集团公司与民航总局脱钩，交由中央管理，标志着民航体制改革迈出重大步伐。

二是民航政府监管机构改革。民航总局下属七个地区管理局（华北地区管理局、东北地区管理局、华东地区管理局、中南地区管理局、西南地区管理局、西北地区管理局、乌鲁木齐管理局）和26个省级安全监督管理办公室（天津、河北、山西、内蒙古、大连、吉林、黑龙江、江苏、浙江、安徽、福建、江西、山东、青岛、河南、湖北、湖南、海南、广西、深圳、重庆、贵州、云南、甘肃、青海、宁夏），对民航事务实施监管。

三是机场实行属地管理。按照政企分开、属地管理的原则，对90个机场进行了属地化管理改革，民航总局直接管理的机场下放所在省（区、市）管理，相关资产、负债和人员一并划转；民航总局与地方政府联合管理的民用机场和军民合用机场的民用部分，属民航总局管理的资产、负债及相关人员一并划转所在省（区、市）管理。北京首都机场、西藏自治区区内的民用机场继续由民航总局管理。2004年7月8日，随着甘肃机场移交地方，机场属地化管理改革全面完成，也标志着民航体制改革全面完成。2008年3月，中国民用航空总局更名为"中国民用航空局"，简称"中国民航局"，归交通运输部管理。

2020年全年我国完成民航运输总周转量798.5亿吨千米，完成旅客运输量4.2亿人次，民航旅客运输量连续15年稳居世界第二。2022年，民航全行业在以习近平同志为核心的党中央坚强领导下，坚持以习近平新时代中国特色社会主义思想为指导，全面贯彻落实党的二十大精神和中央经济工作会议精神，坚决贯彻落实党中央、国务院决策部署，坚持稳中求进工作总基调，积极应对安全压力、疫情防控、经营亏损等不利因素交织叠加的局面，在前所未有的困难面前经受住了考验，稳住了行业发展基本盘，持续推动民航高质量发展取得新成效（见图1-4和

表1-1）。中国民航局发布的《2022年民航行业发展统计公报》显示，2022年全行业完成运输总周转量599.28亿吨千米，完成旅客运输量25171.32万人次。

截至2022年年底，民航全行业运输飞机期末在册架数4165架，比上年底增加111架。

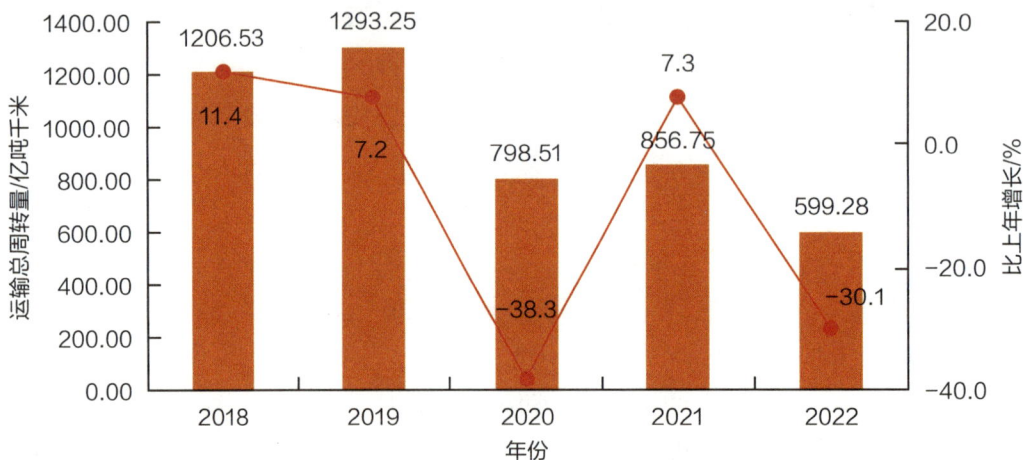

图1-4　2018—2022年民航运输总周转量

表1-1　2022年运输飞机数量　　　　　　　　　　　　　　　　　　　　　　　　　　单位：架

| 飞机类型 | | 飞机数量/架 | 比上年增加/架 | 在运输机队占比/% |
|---|---|---|---|---|
| 客运飞机 | 宽体飞机 | 472 | 7 | 11.3 |
| | 窄体飞机 | 3225 | 47 | 77.4 |
| | 支线飞机 | 245 | 32 | 5.9 |
| | 小计 | 3942 | 86 | 94.6 |
| 货运飞机 | 大型飞机 | 50 | 7 | 1.2 |
| | 中小型飞机 | 173 | 18 | 4.2 |
| | 小计 | 223 | 25 | 5.4 |
| 合计 | | 4165 | 111 | 100 |

**思考与练习**

1. 我国民航的发展经历了哪几个阶段？

2. 我国民航发展第三阶段成立的六家骨干航空公司是哪些？

3. 目前我国有哪些航空集团公司？

4. 目前我国民航的年运输量是多少？世界排名第几？

# 任务二
# 了解航空运输的特点和作用

## 一、运输业的组成和特点

运输是指利用交通工具完成人员或货物空间位置移动的生产经营活动过程。根据运输对象的不同，运输系统可以分为两个子系统：客运系统和货运系统。我国的客运交通运输系统的具体构成如图1-5所示。

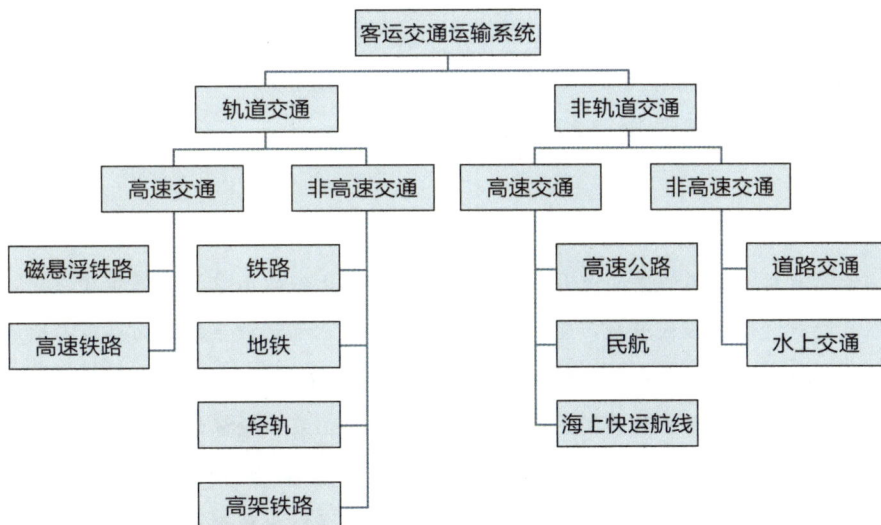

图1-5　我国客运交通运输系统

根据交通工具的不同，现代运输业分为铁路运输、公路运输（汽车运输）、航空运输、水路运输和管道运输五种运输方式。它们与其他生产行业相互依赖、相互制约和相互促进，形成紧密联系的社会有机体。尽管每种运输方式都有自己的适用范围，在各自的范围里有自己的优势，但各种运输方式的共同点也是显而易见的。

首先，运输业不产生新的实物形态产品。运输业属于服务行业，它的生产过程并不改变运输对象的性质或形态，仅仅是改变其空间位置，不形成产品的实体。

其次，运输产品具有非储存性。在运输产品的生产过程中，运输对象的性质、数量和形态并未发生改变，所以不能储存，也不会积压。

再次，运输产品具有可替代性，也称同一性。各种运输方式生产的都是同一种产品，即运输对象在空间上的位移，产品单位为人千米或吨千米。这一特点决定了在一定条件下各种运输方式的可替代性，使综合利用各种运输方式、建立统一的运输网成为可能。

最后，运输生产表现为生产过程在流通领域内的延续。物质生产必须以消费为终结，物质生产的产品必须借助运输生产来实现从生产过程向消费过程的转移。

各种运输方式除了具有运输业的共性特征，不同的运输方式也有其自身特点，具体如下。

### （一）铁路运输

铁路运输是载物工具沿陆地上固定轨道行驶的一种运输方式。铁路运输有运行速度较快、运输能力大、受自然条件限制较小、连续性强、成本较低和能耗较低等特点。因此，综合考虑，铁路适于在内陆地区运送中或长距离、大运量、时间性强、可靠性要求高的一般货物和特种货物；从投资效果看，在运输量比较大的地区之间建设铁路比较合理。目前，我国铁路运输已迈入高铁（见图1-6）时代，速度更快，条件更好。2022年，全国铁路完成固定资产投资7109亿元，投产新线里程4100千米，其中高铁里程2082千米。截至2022年年底，全国铁路营业里程达到15.5万千米，其中高铁里程4.2万千米。

图1-6　高速铁路

**拓展阅读**

17世纪前后，英国的煤矿业开始用木轨和有轮缘车轮的车辆运送煤和矿石。又因为木轮在行驶中受路面铺板磨损严重，于是改用铁车轮。可是铁车轮损伤铺板，所以又把铺板改为铁板，而后又发展成棒形，这就是最初的"铁轨"。1776年，英国的雷诺兹首次制成凹形铁轨。1789年，英国的杰索普提出了在车轮上装上轮缘的方案，因此就用不着防备脱轨的铁轨凸缘了。当时的铁轨形状已接近"I"字形。促使铁路获得巨大发展的是蒸汽机的发明和锻铁铁轨的出现。1804年，英国的特里维西克制成了牵引着货车在铁轨上行驶的机车。1825年，英国的乔治·斯蒂芬森在斯克顿和达林顿之间铺设了世界上第一条客货两用的公共铁路。

### （二）公路运输

公路运输是以汽车为主要运输工具在公路上运送旅客和货物的一种运输方式。它具有机动灵活、货物损耗少、运送速度快、覆盖面广、通达度深等特点；但由于运输能力小、能耗高、成本高、生产率低，不适宜运输大宗和长距离货物。因此，公路运输比较适宜在内陆地区运输短途旅客、货物，可以与铁路、水路联运，为铁路、港口集疏运旅客和物资，也可以深入山区及偏僻的农村进行旅客和货物运输，还能在远离铁路的区域从事干线运输。

我国公路运输的现状是拥有了较密集的高速公路网，很多地级市都与省会城市有高速公路相通，通过省会城市融入全国的高速公路网。公路运输的能力和速度都有了大幅度的提高。几乎所有大型民用机场和其依托的城市之间都有专用高速公路相连（见图1-7）。

（三）水路运输

水路运输包括内河运输、沿海运输和远洋运输，是利用船舶、邮轮等为主要运输工具，以海洋、湖泊、河流为活动范围的运输方式。水路运输的运输能力大、建设投资少、运输成本低、平均运距长，但水路运输受自然条件影响较大、运送速度慢。目前，世界上最大的邮船载货量已超过64万吨。水路运输中的远洋运输（见图1-8）在对外经济贸易方面占据着重要地位，适于承担各种外贸货物的进出口运输。水路运输既是发展国际贸易的强大支柱，又可以增强国防能力，具有其他运输方式都无法代替的特点。

图1-7　首都机场高速公路

图1-8　远洋运输

拓展阅读

中国是世界上水路运输发展较早的国家之一。公元前2500年中国已经开始制造舟楫，商代就有了帆船。公元前500年前后中国开始人工开凿运河。公元前214年建成了连接长江和珠江两大水系的灵渠。京杭运河则沟通了钱塘江、长江、淮河、黄河和海河五大水系。唐代对外运输丝绸及其他货物的船舶直达波斯湾和红海之滨，其航线被誉为海上丝绸之路。明代航海家郑和率领庞大的船队七下西洋，到达亚洲、非洲30多个国家和地区。

1807年美国人富尔顿把蒸汽机装在"克莱蒙特号"船上，航行在纽约至奥尔巴尼之间，航速达每小时6.4千米，成为第一艘机动船。19世纪蒸汽机驱动的船舶出现后，水路运输工具产生了飞跃。1872年，我国自制的蒸汽机船开始航行于海上和内河。当代水路运输发达，世界上许多国家拥有自己的商船队。现代商船队中已有种类繁多的各种现代化运输船舶。

中国水路运输发展很快，特别是近30年来，水路客、货运量均增加16倍以上，中国的商船航行于世界100多个国家和地区的400多个港口，已基本形成一个具有相当规模的水运体系。在相当长的历史时期内，中国水路运输对经济、文化发展和对外贸易交流起着十分重要的作用。

### （四）管道运输

管道运输随着石油和天然气产量的增长而发展起来，主要用于运送液体或气体，也有部分管道可以运送固体物资。目前管道运输已成为陆上石油、天然气运输的主要运输方式，城市供水、供气和供暖也采用管道运输。近年来输送固体浆料的管道，如输煤、输精矿管道，也有很大发展。管道运输具有运输量大（国外一条直径720毫米的输煤管道，一年即可输送煤炭2000万吨）、建设周期短、占地少、能耗小、安全可靠、无污染、成本低、不受气候影响、可以实现封闭运输等优点，但这种运输专用性强，只能运输石油、天然气及固体浆料（如煤炭等），管道初始运输量与最高运输量间的幅度小，因此在油田开发初期，采用管道运输困难时，还要以公路、铁路、水路运输作为过渡。

**拓展阅读**

## ▶中亚天然气管道——世界最长油气输送管线

2008年6月27日，中国最大的境外天然气勘探开发合作项目——阿姆河天然气项目在土库曼斯坦启动。6月30日，连接上述气田与中国的中亚天然气管道中乌段也在乌兹别克斯坦的布哈拉正式开工（见图1-9）。作为中国第一条跨国输气管道，其与西气东输二线衔接，总长度超过1万千米，成为迄今世界上距离最长、等级最高的油气

图1-9　中亚天然气管道铺管

输送管道。这条贯通土库曼斯坦、乌兹别克斯坦、哈萨克斯坦和中国的天然气管道，牵动的是整个世界能源格局的神经。

中亚天然气管道西起土库曼斯坦的阿姆河之滨，穿过乌兹别克斯坦和哈萨克斯坦，通向中国的华中、华东和华南地区，管线总长约1万千米。管道建成后，土库曼斯坦在30年内每年向中国提供300亿立方米天然气。

## 二、航空运输的特点

作为现代五种运输方式之一的航空运输，与其他四种运输方式相比，起步较晚，但发展很快。航空运输除具有运输业的共同特点之外，还有以下特点。

### （一）快速性

速度快是航空运输的最大优势和主要特点。与其他运输方式相比，航空运输的运输距离越长，所能节约的时间就越多，快速性也越明显。目前的航线飞机设计速度大多在800~1000千米/小时，航线上一般飞行900千米/小时，比火车快5~10倍，已经退役的"协和"超音速客机（见图1-10）的巡航速度更是高达2150千米/小时，航空运输的运输速度有其他运输方式不可比拟的优势。

图1-10 "协和"超音速客机

加上飞机通常在两地之间直接抵达无须绕行，运输里程较地面更短，特别是在地面迂回曲折的地区更加明显。这一特点使航空运输的高时效性能够应付千变万化的市场行情。

航空运输速度快，但也受到地面作业速度的影响。地面作业速度是在始发站、中转站、目的站所进行的关于出发、中转和到达作业的速度，如为旅客办理值机手续的速度及行李和货邮的装卸、处理速度等。对于中短程运输，地面作业时间往往长于空中飞行时间，使航空运输在迅速发展的铁路、公路快运面前失去优势，某些情况下甚至影响到了航空运输的竞争力。航空运输的快速性一般要在1000千米以上的运输距离才能体现出来。随着近年来地面运输速度的提高，标准还在进一步提高。航空运输会一直保持着它的速度优势，成为旅客国际旅行的首选交通方式。

航空运输的快速性为其带来了突出的时效性，使这种新型的运输方式更加适于鲜活易腐或价值高、时效性强的货物运输。

拓展阅读

英法联合研制的"协和"超音速客机于1969年研制成功，1976年1月21日正式从事商业运营，由英国航空公司和法国航空公司用于横跨大西洋的飞行。它是迄今为止世界上唯一投入运营的超音速客机，共生产了20架。

"协和"超音速客机采用三角翼布局，装有4台涡轮喷气发动机，巡航时速2150千米，航程5110千米，可载100名乘客。由于速度超过了地球自转速度，旅客乘坐它从欧洲飞往美洲时，常常有"还没出发就已经到达了的感觉"。如果是在日落时分起飞，甚至还能看到"太阳从西边升起"的现象。

2000年7月25日，一架"协和"超音速客机在巴黎戴高乐机场碾过了一架DC-10飞机脱落的金属片，引起胎爆，胎爆的碎片以超音速击中机翼油箱后引起飞机失火坠毁，终结了"协和"超音速客机25年的无事故记录，造成机上109人全部遇难、地面4人死亡的惨剧（见图1-11）。这次事故在人们心中产生了极大的阴影，从此超音速航班上座率一蹶不振，致使航空公司严重亏损，不得不在2003年10月24日将"协和"客机全部退役，终止了超音速客机的运营。

图1-11 "协和"超音速客机事故现场

### （二）机动性

航空运输是由飞机在空中完成的运输服务，在两地之间只要有机场和必备的通信导航设施就可开辟航线，不需要在线路建设上花费大量投资，而且筹备通航所需的准备时间也较短，与其他运输方式相比较，受沿途地面条件限制小。飞机在固定或非固定航线上定期或不定期飞行，也可以根据客货运量的大小和流量调整航线和机型。

从经济效益上看，航空运输比铁路、公路运输的建设周期短、投资少、收效快。据计算，在两个相距1000千米的城市之间建一条交通线，在载客能力相同的条件下，修建铁路的投资是开辟航线的1.6倍，铁路的建设期为5～7年，开辟航线只需2年，回收铁路投资需要33年，航空投资回收期则短得多。

航空运输的机动性使它可以在短时间内完成政治、军事、经济上的紧急任务，如灾区的物资供应（见图1-12）、偏远地区的医药急救及近海油田的后勤支援等，还可以在现有机场的基础上按照不同的联结方法，根据需要组成若干条航线，并根据临时需要很方便地调动运力。航空运输已成为必不可少的手段。

图1-12 米26直升机参加地震救援

### （三）安全舒适性

现代飞机飞行平稳、噪声小，客舱宽敞（见图1-13）且多设有餐饮娱乐设备，舒适程度高于其他运输设备。同时，由于各航空公司将保障飞行安全作为经营的首要条件，安全性必将随着航空技术、维护技术的发展和空中交通管理设施的改进而不断提高。另外，国际上对航空器的适航性要求非

图1-13 宽敞的客舱

常严格，对不符合适航性要求的航空器不颁发适航证，没有适航证的航空器都不允许飞行。这些措施保障了航空器的安全性远远高于其他地面运输工具，使越来越多的旅客选择航空运输。

在安全性方面，由于人们认识偏差，很多人认为航空旅行不如地面安全，但从统计数据来看，航空运输是安全性最高的运输方式。

A380是欧洲空客公司制造的全球最大的宽体客机，被称为"空中巨无霸"。拥有555座的A380于2006年年初在航空公司投入运营。A380的座位面积比直接竞争机型大三分之一左右，有更多的地板面积。A380提高了航空旅行的舒适度，座椅和通道更加宽大，拥有宽阔的空间让乘客伸展腿部，并可享用底层设施。A380的现代技术和它的经济性使得它的座英里成本比其他飞机低15%～20%。它以更优惠的价格给乘客提供豪华舒适的服务。A380燃油的经济性比直接竞争机型要提高13%左右，这将减少废气排放对环境的危害。2021年12月16日，空客公司向买家交付最后一架A380客机，此后这一机型停产。2022年11月9日，南航A380最后一架商业航班CZ328从洛杉矶国际机场（LAX）起飞，意味着国内的5架空客A380全部退出了历史舞台，南航A380在中国长达11年的服役结束了。

### （四）国际性

航空运输从一开始就具有国际性的特点，随着世界航空运输相互依赖和合作关系的发展，以及多国航空公司的建立，航空运输的国际化特点更加明显。在全球经济一体化的今天，国家之间、地区之间的商品和服务贸易日益频繁，特别是劳动力在国际的流动、国际旅游业的蓬勃发展，已使航空运输成为人们国际旅行首选的运输方式。国际化的目的是要使任何一位旅客、一吨货物或一封邮件能够随时从世界任何地方，方便、安全、迅速、经济、可靠地被运送到另外一个地方，这也是航空运输对国际交往和人类文明的一项重大贡献。

### （五）成本高、运价高

高成本、高运价和微利是航空运输经济的基本特点。飞机的机舱容积、载重量有限，再加上购机费用、燃油费用高昂等，导致航空运输的成本偏高，直接表现在旅客运价、货邮运价均高于其他几种运输方式。虽然随着宽体飞机的出现和涡轮风扇式发动机的不断改进，空运企业的直接运营成本大幅降低，但航空运输的运营成本仍然高于其他运输方式。

运价高决定了航空运输只适用于人员往来、急需运送的物资和时间性强的邮件及包裹等。尽管从经济上看，空运成本高于其他运输方式的成本，但经全面衡量，航空运输加快了资金周转。在社会生活中，总有一些身份重要、任务急迫的旅客，也经常有一些紧急的物件需要最迅速地运达目的地，在这种情况下，减少运输时间具有重大意义或经济价值，运价高也不再是首要考虑因素了。

### （六）准军事性

由于航空运输的快速性和机动性，以及民航所拥有的机场、空地勤人员对军事交通运输的潜在作用，各国政府都非常重视民航，并视民航为准军事部门。很多国家在法律中规定，航空运输企业所拥有的机群和相关人员在平时服务于国民经济建设，在战时或紧急状态时民用航空即可依照法定程序被国家征用，作为军事后备力量，服务于军事上的需求。

拓展阅读

1920年4月，中国民用航空飞机进行首次试飞。抗日战争时期，国民党军队开始组建空运部队。1944年，八路军在山西黎城修建简易机场，开始利用飞机在黎城—延安之间运送人员和物资。1949年10月，中国人民解放军空军组建第一个空运分队。1949年10月至1950年1月，中国人民解放军进入新疆时，曾先后从酒泉到迪化（今乌鲁木齐）空运部队1.5万余人，各种物资48吨。1950年至1953年年初，中国人民解放军空运部队向西藏开辟了25条航线，出动飞机1300余架次，空投物资2400余吨。1950年10月，人民解放军组建第一个航空兵团；1951年4月，在该团基础上扩编为运输航空兵师。此后，航空运输在军事作战和训练及支援国家建设、抢险救灾中都发挥了重要作用。

## 思考与练习

1. 运输业的共同特点有哪些？
2. 五种不同的运输方式主要应用在哪些领域？
3. 航空运输的主要特点是什么？
4. 航空运输在哪些领域具有其他运输方式不可比拟的优势？

# 任务三
# 认识民航运输管理机构

1. 了解国际民航组织的主要活动。
2. 了解国际航空运输协会的主要活动。
3. 了解中国民航局的主要职责。

学习
任务

## 一、国际民航组织

国际民航组织（International Civil Aviation Organization，ICAO）成立于1947年，是《芝加哥公约》的产物，是协调各国有关民航经济和法律义务并制定各种民航技术标准和航行规则的政府间的国际组织。第二次世界大战后，为解决民用航空发展中的国际航空运输业务权等国际性问题，1944年11月1日至12月7日在芝加哥召开了有52国参加的国际民用航空会议，签订了《国际民用航空公约》，通称《芝加哥公约》，并根据国际民用航空临时协定成立了临时民用航空组织。1947年4月4日，《国际民用航空公约》生效，正式成立了国际民航组织（见图1-14）。同年5月，它成为联合国的一个专门机构，其总部设在加拿大的蒙特利尔。

图1-14 国际民航组织标识

国际民航组织的主要活动如下。

（1）制定国际民航公约的18个技术业务附件和多种技术文件及召开各种技术会议，统一国际民航的技术业务标准和管理国际航路的工作制度。

（2）通过双边通航协定的登记，运力、运价等方针政策的研讨，以及机场联检手续的简化、统计的汇编等方法促进国际航空运输的发展。

（3）通过派遣专家、顾问，建立训练中心，举办训练班，以及其他形式的活动，执行联合国开发计划署向缔约国提供的技术援助。

（4）管理公海上联营导航设备。

（5）研究国际航空法，组织拟定和修改涉及国际民航活动的各种公约。

（6）通过大会、理事会、地区会议及特别会议讨论和决定涉及国际航空安全和发展的各种重要问题。

　　我国是国际民航组织的创始缔约国之一，中国派代表出席了1944年的芝加哥会议，签署了《国际民用航空公约》。1947年该组织正式成立时，中国即成为国际民航组织成员国。1971年国际民航组织通过决议承认中华人民共和国为中国驻国际民航组织的唯一合法代表。1974年2月15日，中国政府决定恢复参加国际民航组织的活动，同年，我国当选为二类理事国。2004年，在国际民航组织第35届大会上，我国当选为一类理事国，并已连续7次当选一类理事国。我国在蒙特利尔设有常驻国际民航组织理事会代表处。

## 二、国际航空运输协会

　　国际航空运输协会（International Air Transport Association, IATA）简称"国际航协"（见图1-15），成立于1945年，是全世界航空运输企业自愿联合组织的非政府性的国际组织。其宗旨是：为了世界人民的利益，促进安全、正常而经济的航空运输，扶植航空交通，并研究与此有关的问题；对于直接或间接从事国际航空运输工作的各空运企业提供合作的途径；与国际民航组织及其他国际组织通力合作。

图1-15　国际航空运输协会标识

　　国际航空运输协会的会员分为正式会员和准会员两类。国际民航组织成员国的任一经营定期航班的航空运输企业，经其政府许可都可以成为该协会成员。经营国际航班的航空运输企业为正式会员，只经营国内航班的航空运输企业为准会员。

　　国际航协于1945年在古巴哈瓦那成立，现在协会总部设在加拿大的蒙特利尔，在蒙特利尔和瑞士的日内瓦设有总办事处，在日内瓦设有清算所，在曼谷、内罗毕、里约热内卢等地设有地区办事处。国际航协的主要活动如下。

　　（1）协商制定国际航空客货运价。

　　（2）统一国际航空运输规章制度。

　　（3）通过清算所统一结算各会员间及会员与非会员间联运业务账目。

　　（4）开展代理业务。

　　（5）进行技术合作。

　　（6）协助各会员公司改善机场布局和程序标准，以提高机场营运效率等。

　　为了便于世界航空运输规则和运价的公布，利于航空公司间的合作和业务联系，IATA将世界划分为三个业务区，称为1区、2区和3区，其下又可分次区。

　　1区：北美洲和南美洲的所有大陆部分及其相邻的岛屿；格陵兰/百慕大/西印度群岛和加勒比海岛屿/夏威夷群岛（包括中途岛和巴尔米拉岛）。

　　2区：欧洲（IATA定义）/非洲及其相邻的岛屿，亚松森群岛和亚洲/乌拉尔以西部分，包括伊朗。

　　3区：亚洲及未包括在二区范围内的相邻岛屿；东印度群岛/澳大利亚/新西兰及未包括在一

区的太平洋岛屿。

在国际航空运输意义上的区域划分与一般情况下的地理区域划分有所不同，例如，土耳其在地理上跨欧、亚、非大陆，而在IATA的分区图上分属欧洲；阿尔及利亚、摩洛哥、突尼斯本身处在非洲的北部，但在IATA分区图上却被划入了欧洲。在进行票价计算时，不同的分区票价有所不同。

## 三、中国民用航空局

中国民用航空局（Civil Aviation Administration of China，CAAC），成立于1949年，是我国国务院主管民航事务的部委管理的国家局，归交通运输部管理。

中国民用航空局于1949年11月2日成立，隶属于空军领导，1958年2月划归交通部，1960年11月更名为"交通部民用航空总局"，1962年4月更名为"中国民用航空总局"，2008年3月改称"中国民用航空局"（见图1-16），沿用至今。

图1-16 中国民用航空局标识

中国民用航空局下设七个地区管理局（华北地区管理局、东北地区管理局、华东地区管理局、中南地区管理局、西南地区管理局、西北地区管理局、乌鲁木齐管理局）和26个省级安全监督管理办公室，对民航事务实施监管。

中国民用航空局的监管职责如下。

（1）提出民航行业发展战略和中长期规划、与综合运输体系相关的专项规划建议，按规定拟定民航有关规划和年度计划并组织实施和监督检查。起草相关法律法规草案、规章草案、政策和标准，推进民航行业体制改革工作。

（2）承担民航飞行安全和地面安全监管责任。负责民用航空器运营人、航空人员训练机构、民用航空产品及维修单位的审定和监督检查，负责危险品航空运输监管、民用航空器国籍登记和运行评审工作，负责机场飞行程序和运行最低标准监督管理工作，承担民航航空人员资格和民用航空卫生监督管理工作。

（3）负责民航空中交通管理工作。编制民航空域规划，负责民航航路的建设和管理，负责民航通信导航监视、航行情报、航空气象的监督管理。

（4）承担民航空防安全监管责任。负责民航安全保卫的监督管理，承担处置劫机、炸机及其他非法干扰民航事件相关工作，负责民航安全检查、机场公安及消防救援的监督管理。

（5）拟定民用航空器事故及事故征候标准，按规定调查处理民用航空器事故。组织协调民航突发事件应急处置，组织协调重大航空运输和通用航空任务，承担国防动员有关工作。

（6）负责民航机场建设和安全运行的监督管理。负责民用机场的场址、总体规划、工程设计审批和使用许可管理工作，承担民用机场的环境保护、土地使用、净空保护有关管理工作，负责民航专业工程质量的监督管理。

（7）承担航空运输和通用航空市场监管责任。监督检查民航运输服务标准及质量，维护航空消费者权益，负责航空运输和通用航空活动有关许可管理工作。

（8）拟定民航行业价格、收费政策并监督实施，提出民航行业财税等政策建议。按规定权限负责民航建设项目的投资和管理，审核（审批）购租民用航空器的申请。监测民航行业经济效益和运行情况，负责民航行业统计工作。

（9）组织民航重大科技项目开发与应用，推进信息化建设。指导民航行业人力资源开发、科技、教育培训和节能减排工作。

（10）负责民航国际合作与外事工作，维护国家航空权益，开展与港澳台的交流与合作。

（11）管理民航地区行政机构、直属公安机构和空中警察队伍。

（12）承办国务院及交通运输部交办的其他事项。

## 四、中国航空运输管理体系

管理体系是指建立方针和目标并实现这些目标的体系，是由组织机构、职责、程序、活动、能力和资源等构成的有机整体。也就是说，管理体系是为了实现某个目标的需要而建立的综合体。

民用航空运输是一种社会性的集体活动。在航空运输业发展初期，航空运输企业能力弱、规模小、员工少、生产技能要求低，管理相对简单。而现代航空运输业是资产密集型、高风险高科技产业，拥有巨额资产、先进的技术和设备、复杂的生产过程和严格的生产质量标准、全球性的生产规模和庞大的员工队伍。经过一个世纪的发展，民用航空运输业在国际、国内及企业内部已经形成一整套的管理体系，从而保障民用航空运输业正常、安全、健康地发展。我国民用航空业是一个正在发展的行业，新中国成立以来，根据中国建设社会主义不同历史时期的方针和路线，逐步建立和完善了中国民用航空运输业的管理体系。

### （一）中国民用航空运输业务的管理机构

中国民用航空局由交通运输部管理，是主管民用航空事业且由国务院部委管理的国家局。

1. 中国民用航空局的职责

在中国经济改革和对外开放以后的新时期，根据建设有中国特色的社会主义的总方针，中国民用航空局确定了新的职责。

2. 中国民用航空局的管理组织机构

中国民用航空局是国务院的一个职能机构。1980年，中国民用航空总局进行了重大的体制改革，不直接经营航空业务，主要行使政府职能，进行行政宏观管理调控。全国民航经过重大改革后，中国民用航空总局管理组织内设机构设置如图1-17所示。

### （二）航空公司管理体系

航空公司是以各种航空飞行器进行民用航空客货邮运输的企业，是具有独立法人地位、从事生产和市场销售的营利性单位。

图1-17　中国民用航空总局管理组织内设机构

中国民用航空局进行了体制改革后，航空公司的生产和经营机构也发生了变化。生产集团化，与地方联合组建分公司；经营多样化，不仅进行国际、国内航班，定期、不定期航班或包机客货运输，而且从事房地产、金融、旅游、饮食服务等业务。

1. 重组前航空公司

在2002年进行重组之前，我国的航空公司可分为骨干航空公司、直属航空公司和地方航空公司。1987年，我国民用航空体制改革，根据地区经济地位和国防战略意义，组建了七大航空地区管理局及其辖区内的骨干航空公司（见表1-2）。

表1-2　七大航空地区管理局及其辖区内的骨干航空公司

| 民航地区管理局 | 辖区内骨干航空公司 | 所在地 |
| --- | --- | --- |
| 民航华北管理局 | 中国国际航空公司 | 北京 |
| 民航华东管理局 | 中国东方航空公司 | 上海 |
| 民航中南管理局 | 中国南方航空公司 | 广州 |
| 民航西南管理局 | 中国西南航空公司 | 成都 |
| 民航西北管理局 | 中国西北航空公司 | 西安 |
| 民航东北管理局 | 中国北方航空公司 | 沈阳 |
| 民航乌鲁木齐管理局 | 新疆航空公司 | 乌鲁木齐 |

2. 重组后的六大航空集团

2002年10月11日，中国三大航空运输集团和三大航空服务保障集团在北京正式宣告成立，它们的成立标志着民航业政企分开的体制改革实质性完成。

（1）三大航空运输集团。

中国国际航空股份有限公司，简称"国航"，是以中国国际航空公司为主体，联合中国航空公司和中国西南航空公司组建的大型国有航空运输企业。总部设在北京，是我国唯一在机身上有国旗的航空公司。国航承担着中国国家领导人出国访问的专机任务，同时也承担许多外国国家元首和政府首脑在中国国内的专、包机任务，国家载旗航是国航独有的尊贵地位。截至2023年6月30日，国航（含控股公司）共拥有以波音、空中客车为主的各型飞机902架，平均机龄9.05

年，通过与星空联盟成员等航空公司的合作，将服务进一步拓展到180多个国家（地区）的1200多个目的地。国航所具有的丰富的国内航线、最多的国际航线及与国内外各航空公司的代码共享合作，形成了国内支撑国际、国际辐射国内、均衡而广泛的航线网络布局，可以为中外旅客提供方便的直飞及转机服务。2004年8月，国航成为2008年北京奥运会唯一正式的航空客运合作伙伴。国航秉承"安全第一，旅客至上，诚信为本"的经营理念，以"满足顾客需求，创造共有价值"为使命，追求"服务至高境界，公众普遍认同"的企业价值观，竭诚为顾客提供"放心、顺心、舒心、动心"服务，向着"主流旅客认可、中国最具价值、中国盈利能力最强、具有世界竞争力"的航空公司的目标不断迈进。2007—2022年，国航连续15年入选世界品牌500强，成为中国民航唯一进入世界品牌500强的企业。

中国南方航空股份有限公司，简称"南航"，是以中国南方航空集团公司为主体，总部设在广州，国内运输飞机最多、航线网络最密集、年客运量最大的航空公司。截至2021年1月，南航经营包括波音787、777、737，空客A330、A320系列等型号客货运输飞机超过800架，以广州、北京为中心枢纽，密集覆盖国内，全面辐射亚洲，航线网络通达全球841个目的地，连接162个国家和地区，到达全球各主要城市。南航2022年运输旅客6264万人次，年旅客运输量最高达1.52亿人次，连续44年居中国各航空公司之首，货邮运输量居世界前十。自2007年11月15日，南航宣布正式加入天合联盟，直到2019年1月1日退出天合联盟。南航为客户提供可靠、准点、便捷的优质服务，致力满足并超越客户的期望。2005年1月，南航订购5架空客A380超大型飞机。2005年8月，南航购买10架波音787-8型梦想飞机，成为中国购买此型号飞机最多的航空公司。2006年，南航订购6架波音777货机，货运发展迈出全新步伐。2011年，南航首架A380飞机成功完成首飞。截至2022年12月，南航运营包括波音787、777、737系列，空客A350、A330、A320系列，商飞ARJ21等型号客货运输飞机超过890架。

中国东方航空股份有限公司，简称"东航"，是以中国东方航空集团公司为主体，兼并中国西北航空公司，联合云南航空公司重组而成的航空公司。集团总部位于上海，拥有贯通中国东西部，连接亚洲、欧洲、大洋洲和美洲的庞大航线网络。集团注册资本为人民币25.58亿元，总资产约为516.99亿元。东航的机队规模达760余架，是全球规模航企中最年轻的机队之一，拥有中国规模最大、商业和技术模式领先的互联网宽体机队。目前，东航构建起以上海和北京为主的"两市四场"双核心枢纽网络，借助天合联盟，通达全球多达170个国家和地区的1036个目的地，每年为全球超过1.3亿旅客提供航空类服务，旅客运输量位列全球前十位。集团还广泛涉及进出口、金融、航空食品、房地产、广告传媒、机械制造等行业，集团拥有20多家分子公司。以创新促发展，迅速形成企业核心竞争力，锻造世界性航空企业品牌，实现快速、稳健、持续发展是中国东方航空集团发展战略的核心目标。

（2）三大航空服务保障集团。

中国民航信息集团公司是经国务院批准，于2002年10月成立的大型国有独资高科技企业。中国民航信息集团公司由中央管理，是国家授权投资机构和国家控股公司，以民航计算机信息中心为主体，联合中国航空结算中心成立的国有企业。作为市场领先的航空运输旅游业信息技术及商务服务类提供商，中国航空信息集团公司被行业内及媒体誉为"民航健康运行的神经"，所运营的信息系统被列入国务院监管的八大重点系统，总部设在北京。中国航信市场体系下属分公司有60余家分子公司，遍布海内外。为8000多家机票销售代理提供技术支持和本地服务，其服务范围可延伸至400余个城市。随着中国民航事业的发展，中国民航信息集团公司将成为能够为中国航空和旅游行业提供全方位信息服务的、具备国际竞争力的国有科技型企业集团，成为有市场竞争力的航空、旅游信息技术服务商，努力成为亚太地区主要航空、旅游信息技术服务商，并成为全球航空旅游信息服务保障系统的重要组成部分。

中国航空器材进出口集团公司是在中国航空器材进出口总公司基础上组建的，以民用航空产品进出口业务为主的综合性服务保障企业，同时也是专门从事飞机采购、航空器材保障业务的专业集团公司。公司在全国各地及国外有关地区设有分支机构，与众多国家和地区的厂商保持着广泛的业务联系和密切的合作关系。公司与波音、空客、GE、罗罗、普惠等飞机和发动机生产厂商合作，在北京建立了大型零配件供应服务中心，开展零备件寄售和送修业务；同空客公司和普惠公司合作建立航空培训中心和发动机维修培训中心，有效提升产品售后服务，为保证飞行安全和飞行正常作出了积极的贡献。目前公司在航空零备件维修、国内外招投标、航空产品租赁及融资、物流配送、机场服务、通信技术服务等方面都有长足发展。

中国航空油料集团公司成立于2002年10月11日，是以原中国航空油料总公司为基础组建的国有大型航空运输服务保障企业，是国内最大的集航空油品采购、储运、销售、加注为一体的航油供应商，是国务院国资委所属的中央企业。2006年在全国110个机场，为中外航空公司加注航油实现了1000万吨的历史性突破。截至2019年，中国航空油料集团公司以2018年营业收入423.709亿美元荣登《财富》世界500强第283位。中国航空油料集团公司于2011年首次入榜，连续9年榜上有名。中国航空油料集团公司已成为国际航空运输协会、英国石油协会、美国石油协会、国际航煤联合检查集团成员。中国航空油料集团公司正加快实施集团公司发展战略，积极参与国际竞争与合作，以资源、市场、国际化战略为基础，以航油业务为核心业务，协同发展物流和海外业务，积极培育相关油化业务，不断增强贸易、物流及资本运营能力，切实提高资源控制力、运营效率和抗风险能力，努力建设成为具有国际竞争力的大公司、大集团，为保障国家能源安全和促进交通运输业可持续发展作出新的贡献。

（3）六大航空集团重组后的意义。

2002年的民航体制改革是自1987年以来民航规模最大、最为复杂的改革，其力度、深度和范围都是空前的。以这次改革为起点，中国民航进入了发展的新阶段。

从行业发展空间上看，六大集团成立后即与中国民航总局脱钩。中国民航总局与民航企业的关系将发生重大的变化。作为国务院主管全国民航事务的直属机构，中国民航总局不再管企业的盈亏，将集中精力承担民用航空的安全管理、市场管理、空中交通管理、宏观调控及发展对外关系等职能，这将为航空企业的发展创造较为宽松的环境。而且，在今后一个较长时期里，我国国民经济的发展，对外开放继续扩大和各国经济联系日益紧密，将为民航业的发展提供更广阔的空间。

从企业发展空间看，以中国国际航空公司、中国东方航空公司、中国南方航空公司为基础组建的三大航空运输集团，其资产总和将占据中国民航总资产的80%。资产的重新组合将明显提升中国民航的整体实力和角逐世界空运市场的能力，并对相关的民航企业有效降低经营成本、提升市场竞争力产生推动作用。航空企业重组后，各方固有的市场资源将重新配置，固有的市场促销网络也将面临新的整合，集团公司将可以根据市场需要优化资源配置，降低经营成本。

六大集团的成立，仅仅是民航进入发展新阶段的起点。中国民航在航空安全、体制改革、生产效益、基础建设等各个方面，面临着体制转轨、结构调整、开放扩大等重大转折。因此要以更多的时间和精力，加强安全基础，调整完善法规，提高管理水平，为民航持续、快速、健康发展奠定良好的基础。

## ▶新中国成立后中国机场奋进三阶段：今昔变迁每一步都是蝶变

艰苦创业时期（1949—1978年）：新中国成立后，党中央就开始着手建设和发展民航事业。1949年11月，中央政治局决定组建军委民航局，为新中国民航提供组织保证。"两航"起义后，归来的大批技术业务人员及带回来的物资和设备为新中国民航提供了重要的人才、技术、物质基础。中国民航依靠自己的力量在探索中前进，克服了各种困难。在这个阶段，中国新建、改扩建了北京首都、上海虹桥、广州白云、太原武宿、兰州中川、合肥骆岗、天津张贵庄等一批机场，保证了航空运输相对稳定的发展。

改革开放发展阶段（1978—2012年）：改革开放鼓励社会资本投资建设机场，中国民航迎来了快速发展的新时期，民用机场建设进入一个高峰。从20世纪80年代开始，北京、上海等大城市、沿海开放城市、旅游城市和偏远少数民族地区新建了一批枢纽机场、骨干机场和支线机场，机场安保设施不断完善，基本满足了航空运输快速发展的需要。

新时代机场建设发展阶段（2012年至今）：近几年，中国机场的发展注重融入各种世界领先的发展理念，统筹协调枢纽机场、骨干机场、支线机场和通用机场布局建设，在结合国家战略、区域经济发展的基础上推进平安、绿色、智慧、人文机场建设，增强服务能力、提升服务品质。

### （三）民用机场的管理体系

民用机场是指供航空器起飞、降落和地面活动而划定的一块地域或水域，包括域内的各种建筑物和设备装置，主要由飞行区、旅客航站区、货运区、机务维修设施、供油设施、空中交通管理设施、安全保卫设施、救援和消防设施、行政办公区、生活区、生活辅助设施、后勤保障设施、地面交通设施及机场空域等组成。

1. 机场分类

根据机场服务性质的不同，可分为军用机场和民用机场。

民用机场根据经停客货航班业务性质和用途的不同，可分为运输机场和通用航空机场。除此之外，还有供飞行类培训、航空器研制试飞、航空运动类俱乐部等使用的机场。机场还可以分为国际机场、国内机场、地区机场。

（1）国际机场：为国际航班出入境而指定的机场，它须有办理海关、移民、公共健康、动植物检疫等类似程序手续的机构。

（2）国内机场：供国内航班使用的机场。

（3）地区机场：经营短程航线的中小型城市机场。

有些机场还作为枢纽机场发挥作用。枢纽机场是指能提供一种高效便捷、收费低廉的服务，从而让航空公司选择它作为自己的航线目的地，让旅客选择它作为中转其他航空港的中转港（见图1-18和图1-19）。枢纽机场既是国家经济发展的需求，也是航空港企业发展的需求。枢纽航空系统是当今世界大型航空公司和机场普遍采用的一种先进的航空运输生产组织形式。它具有优化航线结构、合理配置资源、增强企业竞争力、促进机场繁荣等多重作用。选择一些人口多、交通发达、经济繁荣、客货流量大的城市为中心，通过与其他大中型城市之间建立航行干线，大中城市与附近中小城市建立航行支线，形成航空运输网络。这样，通过干线运输，将乘客从支线汇集到中心机场或大中型机场，或从干线向支线疏散。由于经过中心机场始发或经停的航班频繁，旅客选择中转航班的机会增加，中转时间显著缩短，一般可以缩短到40～50分钟。旅客还可以搭乘同一航空公司的其他航班。这样，旅客旅行时间安排紧凑、中途停留时间缩短，既方便了旅客，又提高了航班飞机的乘坐率。

图1-18 成都天府国际机场

图1-19 北京大兴国际机场

2. 机场司的行政职能

自从中国民用航空体制改革以后，大部分民用机场为独立企业。在中国民用机场中，目前直属中国民用航空局管理的有北京首都国际机场和广州白云国际机场等，其他大部分机场已由民航地区或地方管理局与地方政府共同管理。与发展航空公司的政策一样，中央政府鼓励地方资金参与民用机场的建设，共同受益。

机场司是中国民用航空局负责机场建设、安全、运营管理事业的职能部门。机场司的行政职能具体如下。

（1）拟定民用机场工程、机场安全运行和机场经营管理的规章、技术标准、规范、定额，检查监督执行。

（2）审核、报批新建民用机场场址、使用性质、地理名称，颁发或吊销民用机场使用许可证及军民合用机场对民用航空器开放使用的批准书。

（3）审批民用机场（包括军民合用机场民用部分，以下同）总体规划（总平面规划），检查监督执行。

（4）审核、报批限额以上民航基本建设和技术改造项目初步设计、开工报告和管理机构，指导监督工程招投标和建设监理，对机场专业建设项目实施工程质量监督，组织竣工验收工作。

（5）监管民航建设项目资金，审核报批建设项目工程决算，负责建设项目财务监督管理。

（6）对民用机场安全保障、净空保护、应急救援、环境保护和土地使用等实施行业管理。

（7）对民用机场专业工程的设计、施工、监理单位和中介组织实施资质管理。

（8）对民用机场特种车辆、地面专用设备实行生产许可管理。

（9）办理国际民航组织有关民用机场方面的技术标准和建议措施的推广执行。

（10）承办机场及相关企业的企业管理和公司化改造工作。

（11）指导机场及相关企业运行管理工作，推进民用机场经营管理方式的改革。

（12）负责机场及相关企业（含中外合资企业）的经营资格审查和经营许可管理，指导办理工商登记等事务。

（13）承办局领导交办的其他事项。

3. 我国机场的管理模式

机场行业属于民航运输行业中的子行业，属于资金密集型的交通基建行业。国内机场的业务主要分为航空和非航空业务。由于中国宏观经济发展持续向好及外贸进出口贸易保持快速增长，机场客货吞吐量连年增长。据国际机场业的统计经验，机场吞吐量的增长率通常为国民经济增长率的2倍。

截至2022年，我国境内民用航空有实际出港定期客运航班的正式通航机场共251座（不含香港、澳门和台湾地区，简称"境内机场"）。2022年新通航机场5座，依照正式通航时间顺序分别是昭苏天马、达州金垭、阿拉尔塔里木、鄂州花湖、塔克拉玛干红其拉甫。

改革开放以前，我国民用机场管理模式十分单一，完全由中央政府集中管理。改革开放以来，地方政府积极参与机场建设，单一管理模式被打破。目前，我国机场管理模式主要包括：①民航局直管；②跨省机场集团管理，如西部机场集团；③省、市地方政府管理；④航空公司管理，如海航系机场。

4. 机场与航空公司的关系

机场管理机构与航空公司之间的关系是企业之间的协作关系，在航空运输销售和地面服务代理业务方面，又是代理人与承运人的关系。

（1）新组建的航空公司需要驻场，应取得机场管理机构的同意并报机场主管部门（当地人民政府和中国民航局、民航地区管理局）批准。当上级主管部门批准后，机场管理机构必须提供有关保障。

（2）航空公司经营航线使用机场（包括备降机场），必须与机场管理机构签订机场使用协议，明确双方的权利、义务和责任。

（3）机场管理机构为航空公司代理销售、地面服务业务，双方通过协议确立各自的权利、义务和责任。凡代理航空公司销售、地面服务业务时，除遵守中国民航局有关规定外，还应遵守航空公司的有关规定，接受航空公司的监督检查。

（4）机场管理机构必须对各个航空公司一律平等公正，严禁对非委托机场管理机构进行代理销售或地面服务业务的航空公司采取排斥、歧视的行为。

（5）航空公司开辟新航线，如机场管理机构有特种车辆等设备，可由机场管理机构提供有偿代理服务。如没有这些设备，由航空公司自备设备，可租给机场管理机构使用，也可自己管理自己使用。

（6）航空公司在服从机场总体规划的前提下，可以在机场范围内修建专用候机楼、机库、停机坪等设施。上述设施建设、管理的具体办法，按中国民航局有关规定执行。

总之，航空公司与机场在航空运输市场中相互依存、相互影响、相互促进发展。但不管它们采用何种方式进行合作，在一般乘客或货主看来，机场同样需要优质高效的服务。

**思考与练习**

1. 中国民用航空局的主要职责是什么？
2. 民航运输组织工作的内容是什么？
3. 机场的分类是什么？什么是枢纽机场？

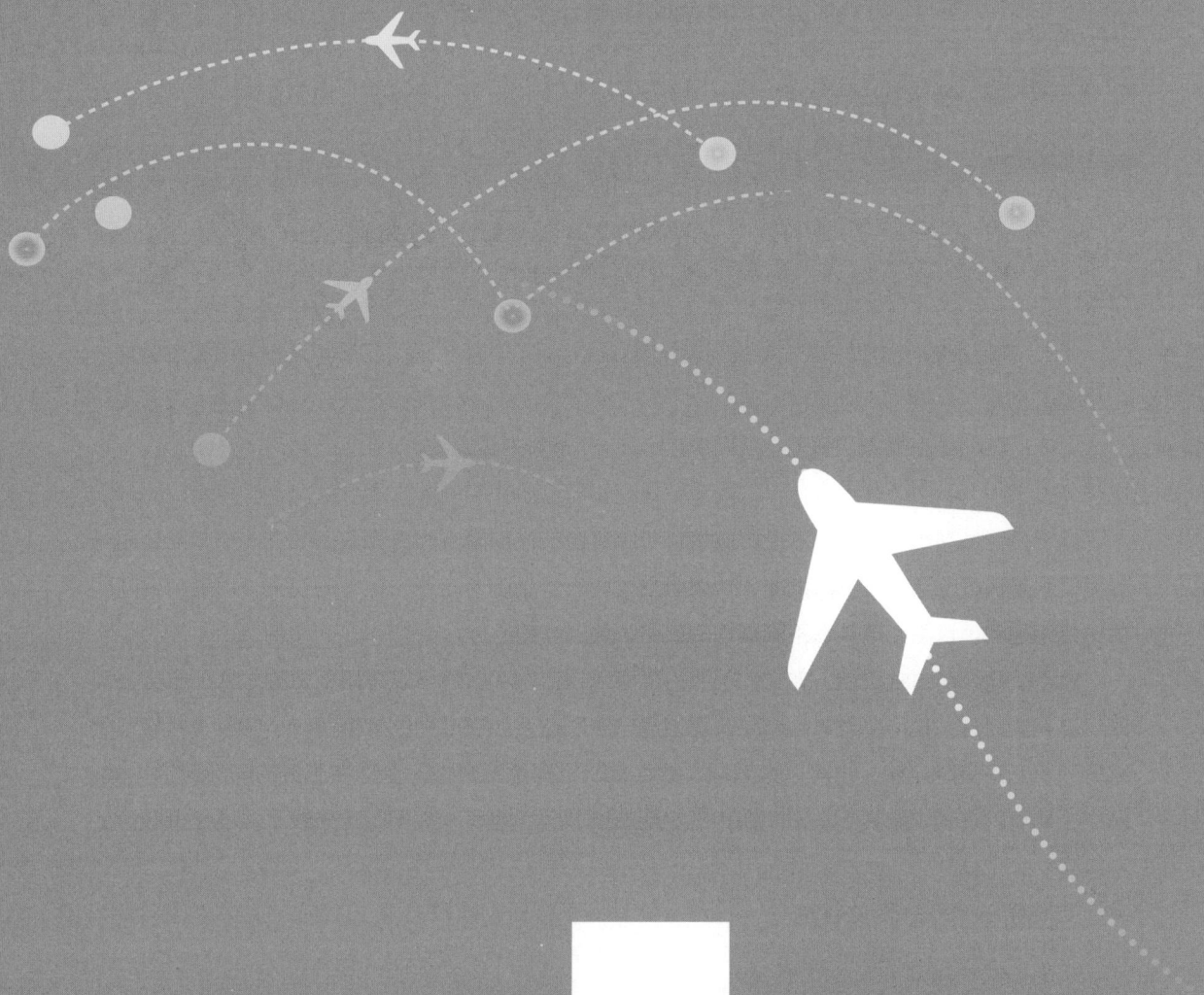

项目二

掌握民航旅客运输基础知识

# 任务一
# 认识航空公司

> 1. 掌握我国十大航空公司概况，熟记其企业标识、两字代码，了解其运单前缀和主运营基地。
>
> 2. 了解世界三大航空联盟，认识联盟标识，了解其主要成员。

航空公司是利用各种航空器进行旅客和货邮运输的民用航空服务企业。成立一个航空公司一般需要政府认可的运行证书或批准，大型航空公司大多是国有企业，也有的航空公司是由民间团体出资组建的，目前全球共有不同规模的航空公司500家以上。

航空公司经营方式灵活，如它们的飞行器可以自己购买，也可以采用租赁的方式；航空公司既可以独立经营，也可以与其他航空公司组成航空联盟；航空公司的规模可以小到只有两架租赁来的飞机从事货邮运输，也可以大到拥有数百架飞机提供综合性、全球性服务的国际航空运输；航空公司可以在固定航线上从事定期和不定期航班服务，也可以在不固定航线上从事包机服务。

## 一、我国十大航空公司

中国民航经过多年发展，航空公司也经过了成立、发展、壮大和整合过程，现已形成了四大航空公司、六家主要地方航空公司和逐步兴起的中小航空公司并存的格局。其中的四大航空公司是指中国国际航空股份有限公司、中国东方航空股份有限公司、中国南方航空股份有限公司和海南航空股份有限公司。

### （一）中国国际航空股份有限公司

中国国际航空股份有限公司，简称"国航"，英文名称"Air China Limited"，简称"Air China"。

国航总部设在北京市，主运营基地有北京首都国际机场、成都双流国际机场。第二枢纽有重庆江北国际机场、杭州萧山国际机场、呼和浩特白塔国际机场、天津滨海国际机场、上海浦东国际机场和武汉天河国际机场。

国航的国际航协两字代码为"CA"，运单前缀为"999"，飞行常客计划是"凤凰知音"。公司口号是"宾四海，礼天下"。

中国国际航空股份有限公司的前身是成立于1988年的中国国际航空公司，中国国际航空公司的前身——民航北京管理局飞行总队于1955年1月1日正式成立，1988年与民航北京管理局分开，成立中国国际航空公司。

国航的企业标识由一只艺术化的凤凰和邓小平同志书写的"中国国际航空公司"及英文"AIR CHINA"构成（见图2-1）。国航标识是凤凰，同时又是英文"VIP"（尊贵客人）的艺术变形，颜色为中国传统的大红，具有吉祥、圆满、祥和、幸福的寓意，表达国航人服务社会的真挚情怀和对安全事业的永恒追求。

图2-1　国航企业标识

国航目前是中国唯一悬挂中华人民共和国国旗、承担中国国家领导人出国访问专机任务并承担外国元首和政府首脑在国内的专、包机任务的国家航空公司，是中国最大的国有航空运输企业，也是中国民航综合规模最大、拥有最新最好机队的航空公司。它是2008年北京奥运会和残奥会航空客运合作伙伴、2022年北京冬奥会和冬残奥会航空客运合作伙伴，在航空客运、货运及相关服务诸方面均处于国内领先地位。

国航总部设在北京市，辖有西南、浙江、重庆、内蒙古、天津、上海、湖北、贵州和西藏分公司，以及华南基地和工程技术分公司等，国航主要控股子公司有中国国际货运航空有限公司、澳门航空股份有限公司、深圳航空有限责任公司、大连航空有限责任公司和北京航空有限责任公司等，合营公司主要有北京飞机维修工程有限公司（Ameco）。国航还参股国泰航空、山东航空等公司，是山东航空集团有限公司最大的股东。另外，曾为国航控股、现于中航集团旗下的北京航空食品有限公司于1980年5月1日在北京成立，是《中华人民共和国中外合资经营企业法》颁布后的第一家中外合资企业。

截至2021年12月31日，国航（含控股公司）共拥有以波音、空中客车为主的各型飞机746架，平均机龄8.23年；经营客运航线达672条，通航国家及地区25个，通航城市151个，通过与星空联盟成员等航空公司的合作，将服务进一步拓展到195个国家（地区）的1300个目的地。

国航愿景和定位是成为"具有国际知名度的航空公司"，其内涵是实现"竞争实力世界前列、发展能力持续增强、客户体验美好独特、相关利益稳步提升"的四大战略目标；企业精神强调"爱心服务世界，创新导航未来"；企业使命是"满足顾客需求，创造共有价值"；企业价值观是"服务至高境界，公众普遍认同"；服务理念是"放心、顺心、舒心、动心"。

2007年12月，国航正式加入世界最大的航空联盟——星空联盟（见图2-2）。

2018年12月，在世界品牌实验室编制的"2018年度世界品牌500强"中，国航排名第287位。2019年5月14日，国航荣获第十届中华环境优秀奖。2019年9月1日，"2019年度中国服务业企业500强"榜单在济南发布，国航排名第59位。2019年12月，国航入选"2019年度中国品牌强国盛典榜样100品牌"。

图2-2　国航星空联盟涂装的A330飞机

胖安达（见图2-3）是中国国际航空股份有限公司的吉祥物。胖安达的形象源于国航机上安全视频的卡通熊猫，它的名字源于熊猫的英文"panda"的谐音，同时也蕴含着希望所有选择国航出行的旅客都能平安到达、每天生活安顺达康的美好寓意。

胖安达已经成为国航全新的品牌大使。旅客可以在微博上与它互动，赢取胖安达大礼包，也可以登录国航知音商城网站用里程兑换胖安达毛绒公仔。

图2-3 胖安达

### （二）中国东方航空股份有限公司

中国东方航空股份有限公司，简称"东航"，英文名称"China Eastern Airlines Corporation Limited"，简称"China Eastern"。

东航的总部设在上海市，在全国各地设有众多的飞行基地，主运营基地机场有上海虹桥国际机场、上海浦东国际机场、昆明长水国际机场和西安咸阳国际机场。东航其他重要基地有南京禄口国际机场、武汉天河国际机场、济南遥墙国际机场、宁波栎社国际机场、太原武宿国际机场和合肥新桥国际机场。

东航的国际航协两字代码为"MU"，运单前缀为"781"，飞行常客计划是"东方万里行"。公司口号是"世界品位，东方魅力"。

中国东方航空股份有限公司是国有控股航空公司，总部设在上海市，2002年在原中国东方航空集团公司的基础上，兼并中国西北航空公司，联合云南航空公司重组而成。中国东方航空股份有限公司是中国民航业内第一家上市公司，也是中国民航第一家在香港、纽约和上海三地上市的航空公司。1997年2月4日、5日及11月5日，中国东方航空股份有限公司分别在纽约证券交易所（NYSE：CEA）、香港联合交易所（港交所：0670）和上海证券交易所（上交所：600115）成功挂牌上市。

目前，东航的机队规模达760余架，是全球规模航企中最年轻的机队之一，拥有中国规模最大、商业和技术模式领先的互联网宽体机队。作为天合联盟成员，东航的航线网络通达全球170个国家和地区的1036个目的地，每年为全球超过1.3亿旅客提供服务，旅客运输量位列全球前十。"东方万里行"常客可享受联盟19家航空公司的会员权益及全球超过790间机场贵宾室。

东航新的标识和新的视觉识别系统于2014年9月9日正式对外发布（见图2-4）。新标识传承了初始标识中的核心元素"飞燕"，承载着对旅客和顺吉祥的祝愿。飞燕的姿态自然勾勒出"CHINA EASTERN"的首字母"CE"，又形似跃动的音符，显示了东航推动品牌无国界的竞合意识。

图2-4 东航企业标识

东航一直以"满意服务高于一切"的企业精神致力于为旅客提供更好的服务。企业使命是"让旅客安全舒适地抵达"；企业目标是"追求卓越，求精致强"；企业精神是"满意服务高于一切"；企业核心价值观是"精诚共进"。东航曾三次荣获中国民用航空局颁发的飞行安全最高奖——"金鹏杯"。2000年东航运输服务系统通过了ISO9002质量保证体系的认证。东航自成立以来创造过全国民航服务质量评比"五连冠"纪录，还获得了美国优质服务协会在世界范围内颁发的"五星钻石奖"。

2010年4月16日东航签署了正式加入天合联盟的初步协议，并于2011年6月21日携上海航空正式加入天合联盟（见图2-5）。上海航空作为东航的子公司，也于2010年11月退出星空联盟，和东航一起加入了天合联盟。

图2-5　东航天合联盟涂装飞机

### ▶东航企业标识的变更

#### 旧标识

东航旧的标识基本构图为圆形，取红蓝白三色。以寓意太阳、大海的上下半圆与燕子组合，表现东航企业形象。红色半圆，象征喷薄而出的朝阳，代表了热情、活力，并且日出东方，与东方航空名称吻合；蓝色半圆，象征宽广浩瀚的大海，寓意着东航航线遍及五湖四海；轻盈灵动的银燕，象征翱翔天际的飞机，燕子也被视为东方文化的载体，体现了东方温情。燕子尾部的线条勾勒出东航英文名字"China Eastern"的CE两字。

#### 新标识

东航新的标识和新的视觉识别系统于2014年9月9日正式对外发布。

东航此次标识优化升级基于企业新的战略规划及更加国际化的需要，于是新的标识最大限度保留了原有的识别符号——飞翔的燕子、红蓝色搭配及字体组合方式。东航企业的旧标识和新标识如图2-6所示。

图2-6　东航企业的旧标识和新标识

燕首及双翅辉映朝霞的赤红——"日出东方"，升腾着希望、卓越、激情；弧形的尾翼折射大海的邃蓝——"海纳百川"，寓意着广博、包容、理性，巧妙地呼应东航"激情超越、严谨高效"的企业精神。

新标识传承了初始标识中的核心元素"飞燕"，中文字体仍旧沿用圆体，只是有一些细微的变化，而英文字体从原来的直角无衬线字体变为新的圆角无衬线字体，与中文字体搭配更加统一；承载对旅客和顺吉祥的祝愿；突破了保守的对称式圆框设计风格，优化了硬朗尖锐的线条，令轻盈灵动的"领头燕"昂首高飞，彰显出东航人开拓创新、奋发有为的进取精神。形如大桥飞架的翅膀寓意东航振臂架设往来交流的桥梁；圆润的弧形燕尾形似连接天际的彩虹和闻名世界的黄浦江湾，寓意连接五湖四海之间的和谐欢畅。

### （三）中国南方航空股份有限公司

中国南方航空股份有限公司，简称"南航"，英文名称"China Southern Airlines Company Limited"，简称"China Southern"。

南航总部设在广东省广州市，主运营基地有广州白云国际机场、北京首都国际机场和郑州新郑国际机场，其他基地有沈阳桃仙国际机场、厦门高崎国际机场、乌鲁木齐地窝堡国际机场、深圳宝安国际机场、武汉天河国际机场、大连周水子国际机场、重庆江北国际机场、长沙黄花国际机场、哈尔滨太平国际机场、贵阳龙洞堡国际机场、福州长乐国际机场、青岛流亭国际机场、南宁吴圩国际机场和桂林两江国际机场。

南航的国际航协两字代码为"CZ"，运单前缀为"784"，飞行常客计划是"明珠俱乐部"。公司口号为"安全第一，客户至上"。

南航于1991年2月1日正式挂牌成立，是中国运输飞机最多、航线网络最发达、年客运量最大的航空公司。南航年客运量居亚洲第一、世界第三，机队规模居亚洲第一、世界第四，是全球第一家同时运营空客A380和波音787的航空公司。截至2021年1月，南航客运机队规模达610架，南航1997年分别在纽约（NYSE：ZNH）和香港（港交所：1055）同步上市发行股票，2003年在上海证券交易所成功上市（上交所：600029）。

南航以天蓝色垂直尾翼镶抽象化的红色木棉花为公司标识（见图2-7）。南航坚持"安全第一"的核心价值观，秉承"客户至上"的理念，通过提供"可靠、准点、便捷"及"规范化与个性化有机融合"的优质服务，致力满足并超越客户的期望（见图2-8）。常旅客俱乐部——明珠俱乐部拥有超过300万会员，是里程累积机会最多、增值最快的常旅客俱乐部。其"明珠"常旅客服务、"红棉阁"地面头等舱及公务舱服务、"纵横中国"中转服务、顾客呼叫中心等多项服务在国内民航系统处于领先地位。

图2-7　南航企业标识　　　　图2-8　南航的A380飞机

南航坚持"以人为本"的管理理念，实施文化战略，以"让南航成为客户的首选，成为沟通中国与世界的捷径"为公司使命，以"南航人：客户至上、安全、诚信、行动、和谐"为核心价值观，倡导"对员工关心，对客户热心，对同事诚心，对公司忠心，对业务专心"的企业文化。

2018年10月，中国南方航空股份有限公司登上福布斯2018年全球最佳雇主榜单。2018年11月15日，南航宣布2019年起退出天合联盟，自2020年1月1日起正式退出天合联盟。2017年和2020年，南航两次荣膺中国质量协会全国"用户满意标杆"企业，并获市场质量信用最高等级AAA级认证。2020年南航成为亚洲第一家、全球第三家获得国际航协（IATA）行李追踪全网络合规认证的航空公司；2021年名列SKYTRAX"2021全球航空公司TOP100"榜单第12名，居国内主要航空公司之首，2022年获评SKYTRAX"中国最佳航司"奖。南航"绿色飞行"按需用餐服务获首届"金钥匙——面向SDG的中国行动"冠军赛冠军奖。

▶ **南航制服**

南航空中乘务员的制服（见图2-9）正式启用于2006年，为南航历史上的第四套制服。这套制服由法国设计师史提浦·苏设计，内容包括夏装、春秋装、冬季大衣和围裙多个款式，品种包括西装、衬衣、马甲、裤子、外套、风衣等。这套制服的制作面料均由日本和意大利进口，每套服装的制作费用约为7000元人民币。制服采用两种基调色，其中乘务长为天青蓝色，乘务员为玫粉红色。

图2-9 南航制服

## （四）海南航空股份有限公司

海南航空股份有限公司，简称"海南航空"或"海航"，英文名称"Hainan Airlines Company Limited"，简称"Hainan Airlines"。海航总部设在海南省海口市，主运营基地有海口美兰机场、北京首都国际机场和宁波栎社国际机场，其他基地有西安咸阳国际机场、太原武宿国际机场、乌鲁木齐地窝堡国际机场、广州白云国际机场和深圳宝安国际机场。

海航的国际航协两字代码为"HU"，运单前缀为"880"，飞行常客计划是"金鹏俱乐部"。公司口号为"不期而遇，相伴相惜"。

海南航空股份有限公司前身是1989年登记注册成立的海南省航空公司。1993年1月经规范化股份制改组，成为国内首家股份制航空公司。1995年，海航成功发行外资股，成为国内第一家中外合资航空公司。1997年海航正式更名为"海南航空股份有限公司"。1997年6月，海南航空

B股在上海证券交易所挂牌交易，成为国内首家上市B股的航空运输企业。

海航企业旧标识（见图2-10）以"生生不息"为理念创意，以"无限空间"为理念定位。标识构图中的注目之处是一核心球体，以极具动感和极富张力的曲线蕴含着回护相生的太极图，诠释海航事业以"生生不息"之理展"无限空间"之志的立身之本。标识中以静蓝色象征沉稳与智慧，以暖黄色象征希冀与亲和。

海南航空企业新标识（见图2-11）顶端是日月宝珠，环形构图从东方文化传说中的大鹏金翅鸟幻化而成，图形底部是浪花的写意表达。企业标识的色调，选定庄严的红色和暖人的黄色。红色是生命之色，是朝阳之色，是蓬勃生机之色，是永恒之色。黄色是中华大地本色，是中华远祖黄帝本色，是生生不息的本源之色。

企业标识图形按对称设计，此对称图形喷涂在飞机尾翼两侧上。

图2-10  海航旧标识

图2-11  海航新标识

截至2021年1月底，海南航空合计运营346架飞机，拥有波音B787、B737系列和空客A350、A330系列为主的年轻豪华机队，其中主力机型为波音B737-800型客机，宽体客机73架。

海南航空追求"诚信、业绩、创新"的企业管理理念，凭借"内修中华传统文化精粹，外融西方先进科学技术"的中西合璧企业文化成为一个新锐的航空公司，倡导"以旅客为尊，以市场为中心"服务理念，改变了长期以来航空服务仅限于提供机上服务的传统观念，致力于建设旅客首选航空公司，提出了"航空产品"的理念，率先推出了"全系列产品，个性化服务"的全新服务理念，为旅客提供全方位、无缝隙的超值服务。

海南航空作为中国内地唯一的SKYTRAX五星航空公司，凭借优质的服务水平蝉联SKYTRAX"中国最佳员工服务"奖，并荣获"中国最佳客舱乘务员"奖，在"全球最佳客舱乘务员"奖项中世界排名第七名。

2021年12月8日，海航航空主业将企业的经营管理实际控制权正式移交至战略投资者辽宁方大集团。海南航空遵循控股股东辽宁方大集团提出的"经营企业一定要对政府有利、对企业有利、对员工有利、对旅客有利"的企业价值观，立志打造安全第一、服务第一、利润第一的世界级航空公司。

### （五）深圳航空有限责任公司

深圳航空有限责任公司简称"深航"，英文名称"Shenzhen Airlines"。深航总部设在广东省深圳市，主运营基地在深圳宝安国际机场，分公司基地有广州白云国际机场、西安咸阳国际机场、北京首都国际机场、无锡硕放国际机场、南宁吴圩机场、常州奔牛机场、郑州新郑机场、沈阳桃仙机场和重庆江北机场。

深航的国际航协两字代码为"ZH"，运单前缀为"479"，飞行常客计划是"尊鹏俱乐部"。公司口号为"任何时候、自然体贴、深圳航空"。

深航于1992年11月成立，1993年9月17日正式开航。股东为中国国际航空股份有限公司、深国际全程物流（深圳）有限公司等，主要经营航空客、货、邮运输业务。截至2022年，深航拥有波音737系列（见图2-12）和空客A319、A320、A330系列各类型客机超200架。2012年深航加入星空联盟，提高了国际知名度，使深航迈入国际航线发展的快车道。旅客可选乘深航及联盟成员21000多个航班，无缝中转通达190多个国家和地区，超过1300个目的地。

图2-12 深圳航空公司的波音737飞机

深航的企业标识（见图2-13）是"民族之鹏"。"民族之鹏"是中国优秀传统文化和现代文化结合的图腾，图案和谐融汇，红色和金色吉祥映衬，凝聚东方文化的精髓；图案挺拔傲立，

图2-13 深航企业标识

充满生机，体现果断进取的精神。标识造型气势磅礴，沉着矫健，呈高瞻远瞩、胸怀万物、根基稳固之三态：一为睿智定乾坤；二是同心创辉煌；三生万物盛千里。"民族之鹏"代表深圳航空"沉稳，诚信，进取"的理念。

深圳航空奉行"安全第一，正常飞行，优质服务，提高效益"的经营理念。深圳航空以"立志成为世界上最受推崇和最有价值的航空公司，推动民族航空成为世界首选"为使命，以成为"特色航空的领跑者"为愿景，提出"深情无限，航程万里"的口号，不断创新服务手段、提高服务质量、增加服务种类，追求服务的优质、特色和精细。

### （六）厦门航空有限公司

厦门航空有限公司，简称"厦门航空"或"厦航"，英文名称"Xiamen Airlines"。厦航总部设在福建省厦门市，主运营基地有厦门高崎国际机场、福州长乐国际机场和杭州萧山国际机场，其他运营基地有北京首都国际机场、上海虹桥国际机场、昆明长水国际机场、重庆江北国际机场、天津滨海国际机场、长沙黄花国际机场、南昌昌北机场、郑州新郑机场、南宁吴圩机场和泉州晋江机场。

厦航的国际航协两字代码为"MF"，运单前缀为"731"，飞行常客计划是"白鹭卡"。公司口号为"人生路漫漫，白鹭常相伴"。

厦航总部设在福建省厦门市，成立于1984年7月25日，是由民航局与福建省合作创办的中国首家按现代企业制度运营的航空公司，现股东为中国南方航空股份有限公司、厦门建发集团有限公司和福建省投资开发集团有限责任公司。

截至2021年12月，厦航机队规模达到209架飞机，运营国内外航线400余条，年旅客运输量近4000万人次，已有超过1600万人加入厦航常旅客计划。厦航构建了以厦门、福州、杭州为核心，覆盖全国、辐射东南亚、连接港澳台地区的航线网络，设有福州、杭州、天津、上海、北京、长沙、重庆、泉州8家分公司，以及48个驻境内外营业部、办事处，总资产突破350亿元，净资产达到130亿元，是中国民航唯一连续保持28年盈利的航空公司。

2012年7月25日，厦航举行新标识启动仪式暨成立28周年庆典，正式发布全新的企业标识"一鹭高飞"（见图2-14）和飞机涂装"海阔天空"。"一鹭高飞"的企业标识象征着传承中变革的厦航，在延续原有设计的美好寓意上，将"向高飞、向远飞、向外飞"的发展战略和企业文化的核心要素"诚信、坚毅、和谐、精进"进行了完美的形象展示。

厦航的飞机全部为美国波音公司生产的大中型干线客机（见图2-15），有95架。主营国内航空客货运输和福建省及其他经民航局批准的指定地区始发至邻近国家和地区的航空客货运输业务。经营从厦门、福州、泉州、武夷山、杭州、常州、南昌、天津始发至中国内地及港澳台、东南亚、东北亚各大中城市150多条航线。

图2-14 厦航企业标识　　　　图2-15 厦航波音787梦幻客机

组建于1985年的厦航乘务队，以"诚心服务、微笑服务、不间断服务"赢得了广大中外旅客的广泛赞誉。在平凡的岗位上创造一流的工作业绩，在全国民航用户委员会组织的"旅客话民航"活动中，连续5年获得全民航旅客满意率评比三次第一名、两次第二名的好成绩。

（七）上海航空股份有限公司

上海航空股份有限公司，简称"上海航空"或"上航"，英文名称"Shanghai Airlines"。上海航空总部设在上海市，主运营基地在上海虹桥国际机场和上海浦东国际机场。

上海航空的国际航协两字代码为"FM"，运单前缀为"774"，飞行常客计划是"金鹤俱乐部"。

上海航空成立于1985年12月，是中国第一家多元化投资的商业性质的有限责任航空企业。2010年1月28日，以东航换股吸收合并上航的联合重组顺利完成，上航成为东航的成员企业。

2010年5月28日，作为东航全资子公司的上海航空有限公司正式挂牌运营。

上海航空标识（见图2-16）主体呈变形简化的白鹤，象征吉祥、如意、展翅飞翔。并将公司名称的缩写"SAL"也组合进图案中，鹤翅与颀长的鹤颈连成的柔和曲线代表"S"，鹤头代表"A"，鹤翅与鹤尾相连代表"L"。外形呈上海的"上"字，整体为红色尾翼上翱翔的白鹤。上海航空将鹤作为标识的主体，就是祝愿公司万事如意、不断勇往直前。标识内涵为安全平稳、稳健有力、蓬勃向上、欣欣向荣、百折不挠、一往无前。

上海航空于2007年年底加入了世界最大的航空联盟——星空联盟，后因和东航联合重组，于2010年11月1日退出了星空联盟，2011年6月21日随东航一起加入了天合联盟。

截至2018年，上海航空拥有以波音及空客为主的先进客机100余架（见图2-17），开辟国内航线百余条，还通达了日本、韩国、泰国、澳大利亚、新加坡、吉隆坡、布达佩斯等中远程国际航线。

图2-16　上海航空企业标识　　　　　图2-17　上海航空的客机

### （八）四川航空公司

四川航空公司简称"川航"，英文名称"Sichuan Airlines"。总部位于四川省成都市，主运营基地是成都双流国际机场，第二基地设在重庆江北国际机场、昆明长水国际机场，还在九寨沟黄龙机场、三亚凤凰国际机场成立了运营指挥中心。

四川航空公司的国际航协两字代码是"3U"，运单前缀是"876"，飞行常客计划为"金熊猫里程奖励计划"。公司口号为"美丽川航，无限真情伴您行"。

川航成立于1986年9月19日，1988年7月14日正式开航营运。由四川航空公司为主，联合中国南方航空股份有限公司、上海航空股份有限公司、山东航空股份有限公司、成都银杏餐饮有限公司共同发起设立的四川航空股份有限公司于2002年8月29日成立。

川航始终以"安全、服务、效益"作为企业的永恒追求，倡导以"真诚、善良、美丽、爱心"为核心理念的川航"美丽文化"，创造具有自身特色的服务品牌。2007年提出以"义、信、智、礼"为核心内容的"时尚川航"新概念，进一步拓展川航"美丽文化"的内涵，进而在企业、员工、旅客、社会的关系中建立起价值共同体、利益共同体、美丽爱心共同体，在取得经济效益的同时实现企业的社会责任。

川航的企业标识（见图2-18）是一只在江面上奋力翱翔的江鸥，寓意着公司的起源与愿景，又潜含着公司不平凡的历程。把川航的历史、现在和未来十分形象地喻为"起飞、展翅、奋飞、腾飞、竞飞、翱翔"六个阶段。

川航始终以"安全、服务、效益"作为企业的永恒追求，走适合自身发展的经营管理道路，积累了一套行之有效的保证飞行安全的经验，创造出具有自身特色的服务品牌，培养了一支作风过硬、责任心强、技术精湛的飞行、机务维护和飞行指挥队伍，建立了完整的销售网络、财务管理系统及经营管理体系。

川航于1995年年底引进国内首架A320，此后又成为A321在国内的首家用户。截至2022年1月，川航机队规模为179架，均来自欧洲跨国飞机制造商空中客车，如空客的A330（见图2-19）和A350系列飞机。

图2-18  川航企业标识

图2-19  川航的首架A330宽体客机

2018年9月4日，中华全国总工会正式批复，决定授予成功处置险情的川航3U8633航班机长刘传健同志（见图2-20）全国五一劳动奖章、川航3U8633航班机组全国工人先锋号。

### ▶中国机长

2018年5月14日，川航3U8633航班在成都区域巡航阶段，驾驶舱右座前风挡玻璃破裂脱落，机组实施紧急下降，飞机于2018年5月14日7时46分安全备降成都双流机场，所有乘客平安落地、有序下机并得到妥善安排。备降期间右座副驾驶面部划伤及腰部扭伤，一名乘务员在下降过程中受轻伤。

图2-20  中国机长刘传健

2018年6月8日下午3点，成功处置川航3U8633航班险情表彰大会在成都召开。为表彰先进、弘扬正气，中国民用航空局、四川省人民政府决定授予川航3U8633航班机组"中国民航英雄机组"称号。授予刘传健同志"中国民航英雄机长"称号并享受省级劳动模范待遇。2018年8月8日，北京博纳影业备案拍摄的电影《中国机长》改编自川航英雄机长刘传健的故事。2020年6月2日，川航驾驶舱风挡爆裂调查报告出炉。调查报告显示本次事件的最大可能原因是：B-6419号机右风挡封严（气象封严或封严硅胶）可能破损，风挡内部存在空腔，外部水汽渗入并存留于风挡底部边缘。

刘传健机长的英雄事迹，体现出他不畏艰险、把旅客的生命安全放在第一位、用专业化解困难和危机的爱岗敬业精神。

### （九）山东航空股份有限公司

山东航空股份有限公司，简称"山航"，英文名称"Shandong Airlines CO. LTD."，简称"Shandong Airlines"。山航总部设在山东省济南市，主运营基地设在济南遥墙国际机场，其他运营基地有青岛流亭国际机场、烟台莱山国际机场和厦门高崎国际机场。山航还在北京、重庆、昆明等地设有飞行基地。

山航的国际航协两字代码为"SC"，运单前缀为"324"，飞行常客计划于2004年11月1日纳入国航"凤凰知音"飞行常客计划。公司口号为"确保安全、狠抓效益、力求正点、优质服务"。

山东航空股份有限公司成立于1999年12月13日，其前身系成立于1994年的山东航空有限责任公司。2004年山东航空集团有限公司（山航集团第一大股东）与中国航空集团公司通过股权转让，中国国际航空股份有限公司同时持有山东航空集团有限公司、山东航空股份有限公司的股权，成为山东航空股份有限公司实际控股人。

山航的企业标识为三个"S"形曲线，代表擅长飞翔、纪律严明的飞燕，同时也是团结一致的象征（见图2-21）。飞燕的三个"S"形翅膀，看上去像"山"字，三个"S"分别代表"山东""成功"和"安全"，代表山航永远稳健安全地飞行。

图2-21 山航企业标识

山航主要从事山东省省内和经批准的由山东省始发至国内部分城市的航空客货运输业务；开展与航空有关的其他服务和经营性业务；总部设在济南，在青岛、烟台设有分公司；控股青岛国际航空物流中心有限公司，参股四川航空股份有限公司。

山航开通飞往全国50多个大中城市的航班，并开通与韩国的国际航线。山航与国航在实现代码共享、航线联营、航材共享和支援、信息管理与系统开发、管理交流与合作、培训业务等方面合作。

截至2022年12月底，山航累计安全飞行486.55万小时，安全起落256.63万架次，运输旅客2.61亿人次，货邮225.29万吨，开通韩国、日本、泰国、印度、柬埔寨等周边国家及地区航线。

### （十）春秋航空股份有限公司

春秋航空股份有限公司，简称"春秋航空"，英文名称"Spring Airlines"。春秋航空的国际航协两字代码为"9C"，公司口号为"想飞就飞"。春秋航空是首个中国民营资本独资经营的低成本航空公司专线，也是首家由旅行社起家的低成本航空公司。

春秋航空的总部在上海市，主运营基地有上海虹桥机场、上海浦东机场，其他枢纽机场有石家庄正定机场、沈阳桃仙机场和扬州泰州国际机场。

春秋航空的标识运用了春秋航空的英文首字母"S"进行设计（见图2-22）。采用3个S相互重叠、交叉组合而成，表现出了互动、团结联结。其中"3S"是safety（安全）、smile（微笑）、sincerity（真诚）3个单词的缩写。

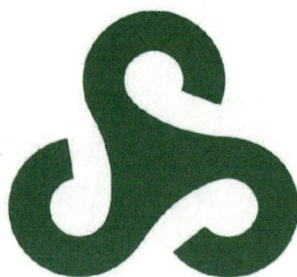

图2-22　春秋航空企业标识

春秋航空自2004年5月26日得到当时的中国民用航空总局批准后开始筹建，由春秋旅行社创办，注册资本8000万元人民币，1年左右成功开航。首航班机于2005年7月18日上午由上海虹桥机场起飞前往山东烟台。创立之初，只有3架租赁的空客A320飞机，经营国内航空客货运输业务和旅游客运包机运输业务。春秋航空平均上座率达到95.4%，成为国内民航客座率最高的航空公司。

截至2022年8月，春秋航空已拥有116架空客A320系列飞机，平均机龄为6.3年。航点覆盖了中国、东南亚、东北亚的主要商务和旅游城市，经营航线230余条，年运输旅客2000万人次。

商务经济座是春秋航空推出的一项高性价比服务产品，以满足商务旅客的需求为主，并在人人都坐得起飞机的前提下，以经济舱的价格使商务旅客享受高于经济舱标准的服务，让旅客真正享受到高客座率、高利用率的高性价比差旅服务。春秋航空的免费行李额较低。免费行李额（包括托运行李和非托运行李）与客票舱位等级有关（婴儿无免费行李额）。超重部分需支付逾重行李费，每千克按国家公布的经济舱全票价的1.5%计算。

表2-1　我国十大航空公司简称及代码

| 航司简称 | 两字代码 | 运单前缀 | 总部 |
| --- | --- | --- | --- |
| 国航 | CA | 999 | 北京 |
| 南航 | CZ | 784 | 广州 |
| 东航 | MU | 781 | 上海 |
| 海航 | HU | 880 | 海口 |
| 厦航 | MF | 731 | 厦门 |
| 深航 | ZH | 500 | 深圳 |
| 川航 | 3U | 876 | 成都 |
| 上航 | FM | 774 | 上海 |
| 山航 | SC | 324 | 济南 |
| 春秋 | 9C | 089 | 上海 |

## 二、三大航空公司联盟

为了更好、更方便地共享资源，增强在航空运输市场上的竞争力，世界上许多航空公司联合组成跨国、跨地区的航空联盟。联盟的发展得益于其给旅客及联盟成员带来的日益明显的利益。联盟通过其伙伴关系向旅客提供了更多的实惠，包括各成员间常旅客计划合作、共享机场贵宾室，更便捷的航班安排、联程订座和登记手续，更顺利的中转连接，实现全球旅客服务支援和"无缝隙"服务。

对于其成员来讲，全球联盟以低成本扩展航线网络、扩大市场份额、增加客源和收入带来了更多的商机，并且可以在法律允许的条件下实行联合销售、联合采购、降低成本，充分利用信息技术协调发展。目前世界上的三大航空联盟分别是星空联盟、天合联盟和寰宇一家。

### （一）星空联盟

星空联盟（Star Alliance）成立于1997年，总部位于德国法兰克福，是世界上第一家全球性航空公司联盟。星空联盟最初的5个成员国为加拿大航空（Air Canada）、德国汉莎航空（Lufthansa）、北欧航空（Scandinavian Airlines）、泰国国际航空（Thai Airways International）和美国联合航空（United Airlines）。星空联盟的标语是"地球联结的方式"。

通过共同的协调和安排，星空联盟的所有成员扩大了各成员之间的代码共享规模，共享了常旅客计划、机场服务柜台和贵宾室，协调了航线分布网的串联和飞行时间。这些协作可以让所有旅客有更多的航班选择、更理想的接转机时间、更简化的订票手续和更妥善的地勤服务。旅客搭乘联盟任一成员的航班，都可将里程累积到他的常旅客计划账户内，享受相应的优惠活动。旅客只要具有任一成员的贵宾身份，就可享用全球范围内联盟成员的超过990个机场贵宾室及相互通用的特权和礼遇。另外，联盟任一成员的乘客，只要持有全额、无限制条件的机票，可直接改搭联盟其他成员的航班。联盟为旅客提供方便的同时，也增强了联盟成员在运营上的竞争力。

为了推广星空联盟的形象，联盟要求所有成员在飞机机身上必须涂有联盟的五个三角形构成的五星识别标识（见图2-23）、必须将旗下至少一架飞机按星空联盟统一的要求进行特殊涂装（见图2-24）。至2021年，我国与星空联盟结盟的航空公司共有3家，分别是中国国际航空公司（见图2-25）、长荣航空和深圳航空。

图2-23  星空联盟标识

图2-24  泰航星空联盟涂装飞机

图2-25  国航星空联盟标识

### （二）天合联盟

全球性的航空公司战略联盟在民航界渐成趋势，在1997年第一个航空公司联盟——"星空联盟"正式成立，并且在运营中凸显出许多联盟特有的优势后，世界上其他大型航空公司也竞相成立联盟，一方面可以在经营中获得优势，另一方面也可以和星空联盟抗衡，天合联盟就在此时应运而生（见图2-26）。

天合联盟（SkyTeam），又称为"空中联队"，由美国达美航空公司、法国航空公司、大韩航空公司和墨西哥国际航空公司于2000年6月联合创建，2004年9月与飞翼联盟合并。天合联盟航空航线目的地达1150个，通达175个国家/地区，航空会员包括19家航空公司。天合联盟航空会员来自世界各大国家，中国成员有东方航空、台湾中华航空和厦门航空。

图2-26　天合联盟标识

天合联盟将联盟内所有航空公司的航班信息、座位信息、价格信息公开，通过这些信息帮助旅客预订机票和座位，为国际旅行的中转旅客安排联盟内其他成员的国内航班，为旅客提供更加便捷的国际旅行方式。

天合联盟的合作方式包括成员间的常旅客计划合作，共享机场贵宾室，提供更便捷的联程航班安排和订座、中转服务，为成员航空公司扩大了所经营的航线网络、开拓了更加广阔的市场、增加了客源和收入，同时也为旅客节省了更多购票支出。联盟的"同一屋檐下"计划，在全球主要机场所有成员航空公司使用同一航站楼，为旅客的中转衔接提供了便捷，节省了中转衔接时间。

天合联盟对飞机的涂装要求和星空联盟一样，要求所有成员的飞机机身上都要涂有联盟的彩带图案（图2-27），同时必须将旗下至少一架飞机按照联盟的统一要求进行特殊涂装（见图2-28）。

图2-27　东航天合联盟

图2-28　东航天合联盟涂装飞机

### （三）寰宇一家

在大型航空公司竞相联合参加竞争的大环境下，1998年9月美国航空公司、英国航空公司、原加拿大航空公司、国泰航空公司和澳洲航空公司宣布组成联盟。1999年2月，这5个创始成员正式组建了新的航空公司联盟——寰宇一家（见图2-29）。

寰宇一家创立之初总部设在加拿大温哥华，后于2011年5月迁至美国纽约。至2024年6月，寰宇一家共有13家正式会员。在三大航空联盟中，寰宇一家提供了覆盖最全面、选择最广泛的环球机票。随着墨西哥国家航空及S7航空公司加入，寰宇一家的目的地扩展到约170个国家750个目的地。香港的国泰航空为我国唯一加入寰宇一家的联盟成员（见图2-30）。

图2-29 寰宇一家标识

图2-30 国泰航空涂装寰宇一家标识的飞机

寰宇一家是全球首个在成员航空公司之间实现电子机票互通安排的航空联盟，可为旅客提供超过任何一家独立航空公司网络的优惠额度，航空公司可以在航班时间、票务、代码共享、乘客转机、飞行常客计划、机场贵宾室及降低支出等多方面进行合作。寰宇一家成员航空公司航班将迁往同一航站楼或就近航站楼，以配合基地的运作，方便转机联系。

**思考与练习**

1. 航空公司联盟是通过什么方式提高成员竞争力的？
2. 三大航空公司联盟的主要成员有哪些？
3. 我国三大航空集团是联合重组了哪些主要航空公司形成的集团公司？
4. 默写我国主要航空公司的两字代码。

# 任务二
# 机型介绍

1. 了解世界主要民用航空器制造业的概况。
2. 了解现役的民用航空器主要机型，掌握其机型代码和载客量。

## 一、世界主要民用航空制造企业

目前活跃在世界民航舞台上的飞机大部分都是美国波音公司（简称"波音"）和欧洲空中客车公司（简称"空客"）所生产的，波音和空客为世界上最大的两家民用飞机制造商。在支线飞机市场上，庞巴迪公司、巴西航空工业公司的飞机占有一定的市场份额。中国商用飞机有限责任公司生产的C919飞机也获得了不少订单，逐渐活跃在世界民航的舞台上。

### （一）美国波音公司

美国波音公司（Boeing）（见图2-31）是全球航空航天业的领袖公司，也是世界上最大的民用和军用飞机制造商。波音公司还提供众多民用航线支持服务，其客户分布在全球150个国家和地区，就销售额而言，波音公司是美国最大的出口商之一。波音公司在美国境内及全球70个国家共有17万多名员工，员工中超过14万人拥有大学学历，他们来自全球约2700所大学，几乎涵盖了所有商业和技术领域的专业。

波音公司于1916年7月1日由威廉·爱德华·波音（见图2-32）创建，并于1917年改名为波

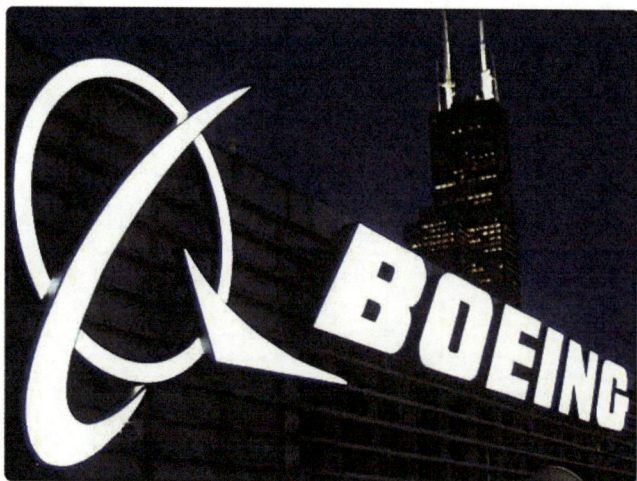

图2-31　波音公司大楼

图2-32　波音公司创始人威廉·爱德华·波音

音公司。1934年波音公司按政府法规要求拆分成三个独立的公司：联合飞机公司、波音飞机公司和联合航空公司。1961年，原波音飞机公司又改名为波音公司。波音公司建立初期以生产军用飞机为主，并涉足民用运输机，20世纪60年代以后，波音公司的主要业务由军用飞机转向商用飞机。1997年波音公司与原麦克唐纳·道格拉斯公司（麦道公司）合并，更加巩固了其世界最大商用飞机制造商的地位。

1957年波音公司在原KC-135空中加油机的基础上研制开发了首架喷气式民用客机——波音707，并获得了上千架订单。从此波音公司在商用飞机制造领域内便一发不可收，先后研制了波音717、727、737、747、757、767、777、787系列飞机，为世界各地的用户提供从100座级别到500多座级别及各种货运型号在内的民用运输机。其中波音747一经问世便长期占据着最大民用客机的头把交椅。

（二）欧洲空中客车工业公司

欧洲空中客车工业公司（Airbus）（见图2-33），又称空客、空中巴士、空巴，是一家国际合营公司，1970年于法国注册成立，总部设在法国的图卢兹，是属于法国法律所规定的经济利益集团性质的经济组织。其创立人员来自德国、法国、西班牙与英国四国。空客作为一个欧洲航空公司的联合企业，其创建的初衷是为了同波音和麦道等美国公司竞争。

图2-33 空客企业标识

1967年9月，英国、法国和德国政府签署一个谅解备忘录，开始进行空中客车A300的研制工作。这是继协和飞机之后欧洲的第二个主要的联合研制飞机计划，也是空客研制的第一种与波音竞争的宽体客机。虽然空客有一些和波音、麦道竞争的机型，但早期在大型、远程民用运输机领域还不能撼动波音的绝对领先地位。尽管空客后来推出过A340宽体客机，仍不能抢夺波音747独霸的大型客机市场。为了增加和波音竞争的砝码，空客提出了对民用航空未来经营模式的推断，它认为未来民用运输机的发展将继续向大型化发展，并提出了"枢纽/辐射"的理念：旅客通过支线航班汇聚到枢纽机场，再由大型运输机运送到另一个枢纽机场，最后再乘坐支线客机到达目的地。基于这样的理念，空客认为改善空中交通拥挤的最好办法是增加运力，并在1994年6月提出了研制500～800座超大型客机的计划，最终诞生了超大型客机A380，一举将波音747从占据了30多年最大民用客机的头把交椅上推了下来。

空客先后共推出了A300、A310、A320、A330、A340、A350和A380运输机，为客户提供了从100座级别到800座级别的民用运输机，其中A320系列飞机尤受客户欢迎，成为销售仅次于波音737的运输机。自2001年起，除少数年份（2006年、2007年、2012年）外，空客获得的订单数超过了波音（见表2-2），实际交付飞机数量从2003年起就超越了波音并一直领先。

表2-2　2001—2020年波音与空客订单数量比较　　　　　　　　　　　　　　　单位：架

| 公司 | 2001 | 2002 | 2003 | 2004 | 2005 | 2006 | 2007 | 2008 | 2009 | 2010 |
|---|---|---|---|---|---|---|---|---|---|---|
| 波音 | 314 | 251 | 239 | 272 | 1002 | 1044 | 1413 | 662 | 142 | 530 |
| 空客 | 375 | 300 | 284 | 370 | 1055 | 790 | 1341 | 777 | 271 | 574 |
| 公司 | 2011 | 2012 | 2013 | 2014 | 2015 | 2016 | 2017 | 2018 | 2019 | 2020 |
| 波音 | 805 | 1203 | 1355 | 1432 | 768 | 668 | 912 | 893 | 54 | 184 |
| 空客 | 1419 | 833 | 1503 | 1456 | 1080 | 731 | 1109 | 747 | 768 | 268 |

### （三）中国商用飞机有限责任公司

中国商用飞机有限责任公司，简称"中国商飞"（见图2-34），于2008年5月11日在中国上海成立，是我国实施国家大型飞机重大专项中大型客机项目的主体，也是统筹干线飞机和支线飞机发展、实现我国民用飞机产业化的主要载体。

中国商飞主要从事民用飞机及相关产品的设计、研制、生产、改装、试飞、销售和维修等业务。公司的短期目标是要打造安全、经济、舒适和环保的大型客机，最终目标是挑战波音与空客在全球大型客机市场的垄断地位。

中国商飞已研制成功适宜于高原机场飞行的70～90座ARJ21"翔凤"支线客机，并于2020年12月28日执飞首航航班从上海飞往北京，首航责任机长——张大奇是"东航五星机长"，也是2017年5月国产大飞机C919首飞时机长。C919大型客机（见图2-35）是我国按照国际民航规章自行研制、具有自主知识产权的大型喷气式民用飞机，座级158～168座，航程4075～5555千米。2015年11月2日完成总装下线，2017年5月5日成功首飞，2022年9月29日获得中国民用航空局颁发的型号合格证，2022年12月9日全球首架交付。

图2-34　中国商飞标识　　　图2-35　中国商飞生产的C919飞机

## 二、活跃在民航运输舞台的主要机型

### （一）波音系列飞机

1. 波音737飞机

波音737飞机（见图2-36）于1964年开始设计，1967年4月9日首飞，1967年12月15日获美国联邦航空局型号合格证。波音737飞机包括了第一代的737-100型、737-200型，第二代的737-300型、737-400型和737-500型，第三代的737-600型、737-700型、737-800型和737-900型，以及2011年启动的第四代波音737MAX系列。B737MAX系列包括B737MAX7、B737MAX8、B737MAX9和B737MAX10。波音737飞机是世界上最畅销的客机，也是波音公司目前还在生产的唯一的窄体客

图2-36　波音737飞机

机。目前我国民航在飞的波音737飞机大多是第三代机型，只有极少数第二代机型在飞，成为世界上最成功的客机家族之一。

波音737飞机是中程双发喷气式客机，座位数在104~215座，航程在3000~6000千米，主要针对中短程航线的需要，具有可靠、简捷、运营和维护成本低的特点，但它并不适合进行长途飞行。波音737飞机自投产以来近60年销路经久不衰，是民航历史上最成功的窄体客机，也是我国航空公司的主力机型。

波音737飞机在班期时刻表中的机型代码为"73X"，其中"X"为具体型号的第一个数字。如波音737-800型飞机的机型代码为"738"，特殊的为波音737-700型飞机，机型代码有"737"和"73G"两种。

2. 波音747飞机

波音747飞机（见图2-37）于1965年8月开始研制，1969年2月首飞，1970年投入使用以来，一直雄踞大型民用飞机榜首，在此位置上占据了37年才被空客A380打破纪录，是世界上第一款宽体民用飞机。

波音747飞机是世界上首款宽体客机，也是首款双层客机，它的前部机身采用双层设计，后部机

图2-37　波音747飞机

身采用单层设计，使飞机具有极易辨认的外形。波音747飞机装有四台涡扇发动机，最大可载客467人，航程15000千米，可以不间断地进行跨洋飞行。

早期的波音747飞机共生产了747-100型、747-200型、747-300型和747-400型四种型号，其机型代码相应为"741""742""743"和"744"。为了应对空客A380的挑战，2005年11月波音公司启动了747-8项目，融入了许多波音公司的新技术，同时机身也相应加长，载客量也有所增加，于2012年4月25日首次交付成功。2020年7月，波音宣布将于2022年停产所有波音747飞机。当地时间2022年12月6日，最后一架波音747飞机下线。

3. 波音757飞机

波音757飞机（见图2-38）是波音公司开发的双发窄体中远程运输机，于1982年2月19日首飞，同年12月取得适航认证，并于1983年1月投入航线使

图2-38　波音757飞机

用，2005年11月停产，总生产量为1050架。

波音757飞机设计用于替换波音727飞机，并用在客源较少的航线上补充波音767飞机，共生产了757-200型和757-300型两种型号，相应的机型代码为"752"和"753"，提供了186~279个座位，最大航程超过了7000千米，是窄体客机中航程最大的，足以完成横跨大西洋的飞行。由于市场需求和面临来自空客的竞争，2004年10月28日最后一架波音757飞机出厂标志着波音757飞机正式停产，总共生产1050架。

4. 波音767飞机

波音767飞机（见图2-39）是一款双发、中远程、半宽体运输机。波音767飞机于1972年提出研制计划，1981年9月首飞，1982年9月交付使用。截至2011年11月，波音767飞机收到了来自71家客户的1057份订单，其中1013架已经交付使用。2011年7月，全世界共有837架波音767飞机正在使用。1985年中国首次引进该机型。

波音767飞机一共有767-200型、767-300型和767-400型三种型号，以及在这三种型号基础上开发出来的延程机型200ER、300ER和400ER，相应的机型代码为"762""763"和"764"，载客量在181~375人，最远设计航程超过11000千米。

截至2005年年底，我国大陆共有27架波音767飞机，最大用户是中国国际航空公司，拥有14架。但随着中国国际航空公司引进了空客A330飞机，波音767飞机正在逐步退役。

5. 波音777飞机

波音777飞机（见图2-40）是全球最大的双发宽体客机，1989年12月波音公司董事会通过了767-X飞机计划，后正式命名为波音777。波音公司投入大量资源开发777飞机，是继747飞机后的又一次豪赌。如果成功，它能给波音公司带来新的辉煌；如果失败，波音公司则难逃破产的厄运。

图2-39 波音767飞机

图2-40 波音777飞机

波音777飞机是介于747和767之间的机型，三级舱布置的载客量为283~368人，航程最高可达17000千米，市场定位于空客A330、A340、A350的竞争机型。波音777飞机上大量应用了复合材料，也是波音公司第一种采用电传操纵系统的客机，未像空客那样采用侧杆操纵。

波音777飞机共有777-200型和777-300型两种型号，在此基础上衍生出航程更长的ER和LR型号，机型代码分别为"772"和"773"，在波音777-200LR的基础上，开发出了全货机波音777F。

6. 波音787飞机

波音787飞机又称为"梦想客机"，是波音公司2004年启动研制计划的中型远程宽体客机，该机型于2009年12月首飞，2011年9月首架交付全日空正式投入运营。2013年1月的9天内，日本航空和全日空的波音787飞机连续出现7次安全故障，美国联邦航空局宣布暂时停飞所有波音787"梦想"客机。多次的安全故障来自"梦想"客机采用的锂电池组存在高温自燃隐患，在波音公司选用了新的电池组后，787客机重返商业运输飞行。

2013年6月2日，南方航空公司迎来了第一架波音787客机（见图2-41），也是我国第一家拥有该机型的航空公司。

波音787飞机广泛使用复合材料，机身重量中碳纤维复合材料所占比例超过了60%，使飞机的经济性更好。波音公司采用了和空客不同的设计思路，另辟蹊径设计全新的中型客机，为用户抢占客流量并不十分大的远程国际航线市场提供了更经济的机型。

图2-41 南航的首架波音787飞机

波音787飞机共推出787-8、787-3、787-9和787-10四种机型，提供210~330个座位，最大航程超过15000千米。

（二）空客系列飞机

1. 空客A320飞机

空客A320飞机（见图2-42）是欧洲空中客车工业公司研制的一款双发、单通道、中短程中型客机，可提供150~180个座位，该项目于1982年3月正式启动，1987年2月首飞，1988年2月获适航证并交付使用。

空客在设计飞机时大胆采用新技术，A320飞机是世界上第一款采用电传操纵系统、放宽静稳定度设计的民用飞机，旨在满足用户对中短程航

图2-42 空客A320飞机

线的低成本运营需求。该飞机自投入运营以来，迅速在中短程航线上建立了舒适性和经济性的行业标准，空客在A320的基础上开发出来了1994年投入服务、最多可设置220个座位的加长型飞机A321，1996年投入服务座位数在124~156个的缩短型飞机A319，2003年投入服务座位数在107~132个的更小型飞机A318。

空客A320系列飞机包括A318、A319、A320和A321四种型号，其机型代码分别为"318""319""320"和"321"。四种型号的飞机具有相同的驾驶舱、相同的飞行操作程序、相同的客舱截面和相同的系统。在使用过程中，飞行员只要接受相同的飞行训练，就可驾驶整个系列的四种客机，这样的共通性设计也降低了维修的成本及备用航材的库存，大大增强航空公司的灵活

性，深受航空公司欢迎，也奠定了空客在民航客机市场中的地位。截至2011年，A320系列飞机一共交付了5000多架，成为仅次于波音737、销售量排名第二的飞机。

### 2. 空客A330飞机

空客A330飞机（见图2-43）是空客1986年开始研制、1987年首飞、1993年投入运营的双发、双通道宽体客机，用于取代A300，与四台发动机的A340同时研发，两种型号的飞机对飞行员的资质要求完全相同。

空客A330飞机根据座位配置不同，可配置253～440个座位，最大航程可达12500千米，是现役空客飞机中航程最远的双发飞机。空客A330飞机的市场份额在不断扩大、运营商客户不断增多，订单已超过1100架，在中级、双发客机市场上与波音767飞机的竞争中占据了主导地位。

空客A330飞机共有300型和200型两种民用型号，200型是从300型衍生而来的，机身缩短了5.3米，但增加了载油量，使飞机有更大的航程。两种型号的飞机机型代码大多共用"330"，也有一些公司采用波音系列的机型代码命名方式，称之为"333"和"332"。

### 3. 空客A340飞机

空客A340飞机（见图2-44）是空客研制生产的四发、双通道、宽体的远程客机，1987年开始研制，1991年首飞，与A330同时推出。空客A340飞机最初计划与波音747飞机竞争市场，后来改为与波音777飞机争夺远程和超远程飞机市场。A340是世界上机身长度最长的客机，机身长度达75.3米，A340的继任型号为A350。

A340机身、机翼等很多部件与A330几乎相同，有很强的互换性，但A340装有四台发动机，它的安全性更好。同时机载燃油量增加，也加大了飞机的航程，最大航程可达16000多千米。A340可提供240～380个座位，和A330相当，但为增加载客量增加了两台发动机，也使得它的经济性不如A330，在航空公司选择机型上受到影响。由于B777远程型号的出现，再加上不断上升的燃油价格，使A340已无明显优越性，因而销售惨淡，2011年11月10日空客公司正式宣布A340停产。

空客A340飞机先后生产了200型、300型、500型和600型四种型号，曾研制过400型，但研制工作开始不久就放弃。机型代码有的航空公司统一用"340"，也有的航空公司参照波音系列分别用"342""343""345"和"346"表示相应的机型。

图2-43 空客A330飞机

图2-44 空客A340飞机

4. 空客A350飞机

空客A350飞机（图2-45）是欧洲空中客车公司研修改制的双发远程宽体客机，是空客的新世代中大型至超长程宽体客机系列，以取代较早期推出的空客A330及A340飞机。

空客A350飞机是在空客A330飞机的基础上进行改进的，主要是为了增加航程和降低运营成本，同时也是为了与全新设计的波音787飞机进行竞争。

图2-45 空客A350飞机

A350与A330比较，A350配备全新机舱、机翼、机尾、起落架及各项新系统。一些原为A380发展出来的技术均可在A350上找到，其中一项为大量使用复合物料。总括来说，整架A350客机约有60%会使用先进物料建造，复合物料占39%，铝-锂合金占23%，钢铁占14%，铝占11%，钛占9%，其余的为其他物料。A350亦配备新的复合物料机翼及机身，主要使用铝-锂合金建造。使用大量复合物料及铝-锂合金能有效减少飞机重量达8000千克（17600磅）。

空客A350飞机目前生产有800型、900型和1000型，机型代码分别为"A350-800""A350-900"和"A350-1000"。

5. 空客A380飞机

空客A380飞机（见图2-46）是世界上最大的客机，它于1994年6月开始研制，2005年4月首飞，2007年10月投入运营，三级座舱布局可载客525人，采用高密度安排可乘坐853名乘客，其最大航程可达15000千米。

空客A380飞机是唯一采用全双层布局的客机，下层客舱采用"3+4+3"布局，上层客舱采用"2+4+2"布局。研制该机型，除了完善

图2-46 空客A380飞机

机型的目的外，空客还希望以此打破波音747飞机对超大型客机市场的垄断。空客A380飞机投入运营后，打破了波音747飞机在远程超大型宽体客机领域占据了37年的霸主地位，波音公司随后也推出了747-8型予以应对，但空客A380飞机仍然是世界上最大的客机。为了说明在这一领域超越波音，空客在推广A380时就采用了"A本来就排在B的前面"这句让人过目不忘的广告语。

空客A380飞机在2012年和2014年达到了年产量的峰值，每年可产30架。但是，空中客车公司承认该项目是亏损的，收益并不能补偿该项目250亿美元的研发费用。2019年2月14日，空客与阿联酋航空公司达成削减A380订单协议后宣布，在2021年停止交付A380客机。

（三）其他飞机

1. 麦道90飞机

麦道90飞机（见图2-47）是美国原麦克唐纳·道格拉斯飞机制造公司1989年开始研

制的中短程双发运输机，在DC-9和麦道80基础上改进而来。该机型1993年2月首飞，1994年11月获得适航认证，1995年2月交付使用。1997年波音公司兼并麦道之后，麦道90与波音公司的产品系列发生冲突，后来停产，共生产117架。

图2-47　麦道90飞机

麦道90飞机机型代码为M90，共生产了30和40两种型号。30型可载客153人，40型可载客180人，满载时航程可达4500千米。

2. ERJ-145飞机

ERJ-145飞机（见图2-48）是巴西航空工业公司研制的支线客机，该机1989年6月在巴黎航展上披露研制计划，1995年8月首飞，1996年12月获得适航认证并交付使用。巴西航空工业公司和我国合作在哈尔滨建有ERJ-145飞机的生产线。

图2-48　ERJ-145飞机

ERJ-145飞机在构建区域航空方面有许多优越性，如航空公司开发新航线、用于维持在淡季客流量萎缩的季节性航线、增加飞行频率等方面有大中型飞机无法比拟的优越性，深受航空公司的欢迎。

ERJ-145飞机的机型代码为ERJ，飞机采用每排3个座位的2+1布局，一共设置50个座位，保证了每位旅客都能靠窗户或过道，飞机的航程可达2870千米。

3. CRJ-200飞机

CRJ-200飞机（见图2-49）是加拿大庞巴迪宇航集团设计制造的喷气式支线客机，由于该机具有较好的安全性、舒适性和环保性，是全球民航范围内市场占有率最高的支线客机。

图2-49　CRJ-200飞机

CRJ-200飞机于1995年推出，共有标准型、加大航程型（CRJ-200ER）和更大航程型（CRJ-200LR）三种型号，机型代码为"CRJ"。CRJ-200飞机可提供50个座位，最大航程可达3700千米，被大量运用在全球各地的支线航空市场上，也被多国政府用于领导人专机，还被众多的单位用作公务机，享有"大型公务机"的美称。

CRJ-200飞机取得了巨大的成功，庞巴迪宇航集团在此基础上改进设计了70座的CRJ-700飞机和90座的CRJ-900飞机，也在CRJ-200的基础上改进生产了挑战者850飞机，被广泛用于公务航空领域，也被一些成功人士购买作为私人飞机。

4. EMBRAERERJ-190飞机

EMBRAERERJ-190飞机（简称"E-190飞机"，见图2-50）是巴西航空工业公司研制的E系列飞机中的一款，于2004年3月首飞，2005年9月取得适航认证并投入使用，是E系列飞机中最受欢迎、获得订单最多的一款机型。

E系列飞机为填补支线飞机和小型单通道干线飞机之间的空白而设计，共有170、175、190和195四种型号，能提供70～122个座位。其中190型飞机2008年开始在中国服役，机型代码为"E90"，提供98～114个座位，无中间座位，舒适度可和大型宽体客机媲美，满载时航程可达4448千米。

图2-50　E-190飞机

5. ARJ-21飞机

ARJ-21飞机（见图2-51）是中国商用飞机有限责任公司按照国际标准研制的具有自主知识产权的支线客机。ARJ-21飞机包括基本型、货运型和公务机型等系列型号。

图2-51　ARJ-21飞机

2015年11月29日，首架ARJ-21飞机飞抵成都，交付成都航空有限公司（成都航空），正式进入市场运营。2019年10月26日，ARJ-21飞机首飞国际航线。2020年7月30日，103架ARJ-21飞机在全球海拔最高民用机场——稻城亚丁机场（海拔4411米）完成最大起降高度扩展试验试飞返回上海。

**思考与练习**

1. 世界主要民用航空器制造业中的A和B分别代表哪两家？其产品命名规则是怎样的？

2. 新兴的、有望跻身世界主要民用航空器制造业的C是哪一家？目前其主要产品有哪些？

3. 在世界民航运输舞台上数量最多的两种机型是什么？它们的主要型号有哪些？

4. 支线飞机的制造商有哪些？他们生产的主要机型是什么？

# 任务三
# 机场介绍

1. 了解机场的分类情况。
2. 了解机场主要功能区域及其作用。
3. 熟记国内主要机场三字代码。

## 一、机场的分类

机场是指可供飞机起飞、降落、滑行和停放的场地和有关建筑物及设施的总称。

根据机场的用途不同，可分为军用机场和民用机场（见图2-52）两大类，民用机场按其功能又可以分为航空运输机场（又称"航空港"，简称"空港"）和通用航空机场。

图2-52　北京大兴机场鸟瞰图

航空运输机场主要用于从事商业航空运输，根据空港的运输量和规模，可分为枢纽空港、重要空港和一般空港。

枢纽空港是指国际、国内航线密集的机场。旅客在此可以很方便地中转到其他机场。枢纽空港能提供一种高效便捷、收费低廉的服务，从而让航空公司选择它作为自己的航线目的地，让旅客选择它作为自己中转其他航空港的中转港。枢纽机场既是国家经济发展的需求，也是航空港企业发展的需求。

《中国民用航空发展第十三个五年规划》中指出：打造国际枢纽，着力提升北京、上海、广州机场国际枢纽竞争力，推动与周边机场优势互补、协同发展。建设与京津冀、长三角、珠三角三大城市群相适应的世界级机场群，明确区域内各机场分工定位，与其他交通运输方式深度融合、互联互通。逐步提升成都、昆明、深圳、重庆、西安、乌鲁木齐和哈尔滨等机场的国

际枢纽功能。

重要空港是在一个国家中占据着重要地位的空港，在整个国家的航空运输网中起着核心作用，它所依托的城市一般是一个地区的政治、经济和文化中心，在全国也有一定的影响力。我国一般把对外开放的国际空港作为重要空港的标准。

除枢纽空港、重要空港之外的小型空港称为一般空港，这类空港的客货吞吐量不大，但在全国的航路网上起着不可或缺的作用，对地区的经济发展也起着重要作用，是民航运输网的重要组成部分。

通用航空机场则指主要用于农业、林业、地质、搜救、医疗等特定航空运输服务的机场，也包括用于飞行学习、企业、私人自用机场等。近年，随着航空事业的发展和经济的进步，兴起一些航空俱乐部，他们也有自己的机场。

2022年5月18日，民航局发展计划司发布《2021年民航行业发展统计公报》，公报数据显示，2021年净增通用机场31个，全国在册管理的通用机场数量达到370个。

中国民用航空局在正式文件中指出，中国航空交通体系由三大门户复合枢纽机场、八大区域性枢纽机场和十二大干线机场组成。

中国三大门户复合枢纽机场指北京首都国际机场、上海浦东国际机场、广州白云国际机场。

中国八大区域性枢纽机场指重庆江北国际机场、成都双流国际机场、武汉天河国际机场、郑州新郑国际机场、沈阳桃仙国际机场、西安咸阳国际机场、昆明长水国际机场和乌鲁木齐地窝堡国际机场。

中国十二大干线机场指深圳宝安国际机场、南京禄口国际机场、杭州萧山国际机场、青岛流亭国际机场、大连周水子国际机场、长沙黄花国际机场、厦门高崎国际机场、哈尔滨太平国际机场、南昌昌北国际机场、南宁吴圩国际机场、兰州中川国际机场和呼和浩特白塔国际机场。

## 二、机场的功能区域

机场作为商用运输的基地可划分为飞行区、地面运输区和候机楼区三个部分。飞行区是飞机活动的区域；地面运输区是车辆和旅客活动的区域；候机楼区是旅客登记的区域，是飞行区和地面运输区的接合部位。

### （一）飞行区的构成和功能

飞行区分为空中部分和地面部分。空中部分指机场的空域，包括进场和离场的航路；地面部分包括跑道、滑行道、停机坪和登机门，以及一些为维修和空中交通管制服务的设施和场地。

#### 1. 飞行区等级

国际民航组织根据飞行区情况将机场进行分类，分类使用数字和英文字母相结合来表示飞行区等级，即用1、2、3、4数字代表飞行场地的长度（主要是跑道长度），用A、B、C、D、E、F字母代号表示可使用机型的翼展和主起落架轮组外侧轮子外缘间的宽度，以一个数字加一个字母作为机场飞行区等级代号（见表2-3）。例如，成都双流国际机场的飞行区为4F级。

表2-3　飞行区等级代号表

| 飞行区指标 I | 飞机基准飞行场地长度/米 | 飞行区指标 II | 翼展/米 | 主起落架外轮外侧边间距/米 |
|---|---|---|---|---|
| 1 | <800 | A | <15 | <4.5 |
| 2 | 800~1200（不含） | B | 15~24（不含） | 4.5~6（不含） |
| 2 | 800~1200（不含） | C | 24~36（不含） | 6~9（不含） |
| 3 | 1200~1800（不含） | D | 36~52（不含） | 9~14（不含） |
| 4 | ≥1800 | E | 52~65（不含） | 9~14（不含） |
| 4 | ≥1800 | F | 65~80（不含） | 14~16（不含） |

### 2. 跑道

跑道是指飞机场内用来供航空飞行器起飞或降落的超长条形区域，规模较小的机场的跑道往往短于1000米，为硬土、草皮或砂石跑道。大型的机场的跑道通常铺有沥青或混凝土，长度也比较长，能承受的重量也比较大。跑道是机场最重要的设备。

世界上最长的民用机场跑道是中国的昌都邦达机场跑道（见图2-53），长度为5500米，其中的4200米满足4D标准，海拔高度为4334米。世界上最宽的跑道在俄罗斯的乌里扬诺夫斯克东方港机场，有105米宽。

某些机场，特别是军用机场，会有紧急着陆专用的长跑道。另外许多空军基地会铺设液压钢索刹车系统的

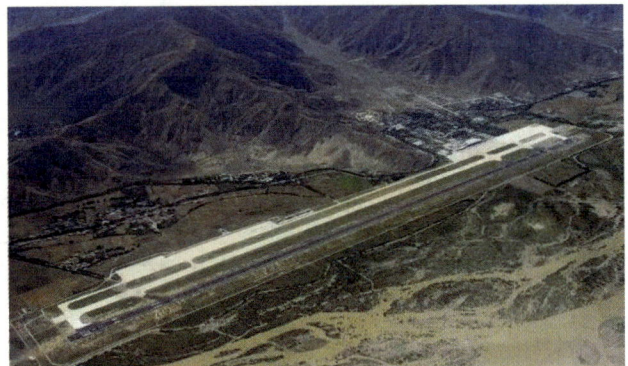

图2-53　昌都邦达机场跑道

跑道，高速飞机着陆时利用飞机本身的挂钩钩住钢索，达到刹车的效果，这样的设计常用在航空母舰上。

### 3. 停机坪

停机坪大多指的是飞机停放在航站楼旁的区域，方便乘客登机和运输行李。有时停机坪距离航站楼有一段路程，这时乘客需步行或搭乘登机用的巴士才能登机（见图2-54）。

### 4. 塔台

塔台或称控制塔，是一种设置于机场中的航空运输管制设施，用来管理飞机的起降。塔台是一个机场里最高的建筑，顶层360度的玻璃房子就是它的标志。在这个玻璃房子里，空中交通管制员们要密切关注机场范围内每架飞机的状态，巧妙地管理着跑道资源，不间断地将满天的飞机安全地接到地面，再把满地的飞机安全送到天上。他们是这里空中和地面交通的总指挥（见图2-55）。

### （二）地面运输区

机场是城市的交通中心之一，而且有严格的时间要求，因而从城市进出空港的通道是城市规划的一个重要部分，大型城市为了保证机场交通的通畅都修建了从市区到机场的专用高速公路，

图2-54 广州白云机场停机坪

图2-55 塔台示意图

其至还开通了地铁和轻轨交通，方便旅客出行。在考虑航空货运时，要把机场到火车站和港口的路线同时考虑在内。此外，机场还应建有大面积的停车场及相应的内部通道（见图2-56）。

（三）候机楼区

候机楼又称航站楼，是旅客在乘飞机出发前和抵达后办理各种手续和短暂休息等候的场所，是航空港的主要建筑物（见图2-57）。

图2-56 泸州云龙机场地面运输区

图2-57 北京大兴机场候机楼一角

候机楼内设有候机大厅、办理旅客及行李进出手续的设施、旅客生活服务设施及公共服务设施。办理旅客及行李进出手续的设施有值机柜台、问讯处、售票窗口、交运行李柜台及行李处理系统、安全检查设施，以及海关、边防检查、动植物卫生检疫等柜台。旅客生活服务设施有休息厅、餐饮厅、娱乐室、商店及残疾人车辆等。公共服务设施有银行、邮局、书店、出租汽车服务柜台及旅馆预订柜台等。为了旅客行动方便，候机楼还设有自动步道、自动扶梯、进出航班显示系统、手推行李车和廊桥等设施。此外，机场与有关航空公司的管理、行政及业务部门和应急指挥机构也可设在候机楼内。有的候机楼还设有瞭望平台和为迎送人员提供的迎送厅（见图2-58）。

登机机坪是指旅客从候机楼上机时飞机停放的机坪，这个机坪要求能使旅客尽量减少步行上机的距离。按照旅客流量的不同，登机机坪的布局可以有多种形式，如单线式、指廊式、卫星厅式等。旅客登机可以从登机桥登机，也可以乘坐摆渡车登机（见图2-59）。

图2-58 首都机场T3候机楼

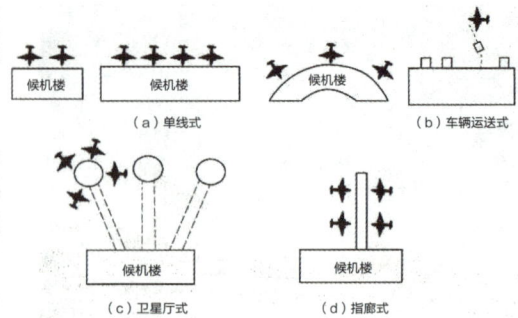

图2-59 各种登机机坪示意图

## 三、国内主要城市及机场三字代码

航空运输已经形成了全球性的网络，为了提供准确快速的服务，国际上统一对航线网上的每个结合点——城市及空港，给定了三个英文字母的编码，编码的字母多数是由其英文名称中摘选的，如成都为CTU、纽约为NYC等，也有一些是按习惯为避免混淆而选定的，如北京为PEK等（表2-4）。在民航运输中如票证、标签、标识上一律使用三字代码表示某个城市或机场。

表2-4 我国主要的城市和机场三字代码（按字母排序）

| 三字代码 | 城市 | 机场名称 | 三字代码 | 城市 | 机场名称 |
|---|---|---|---|---|---|
| AKU | 阿克苏 | 阿克苏 | LYG | 连云港 | 白塔埠 |
| AQG | 安庆 | 安庆 | LYI | 临沂 | 沭埠岭 |
| BAV | 包头 | 二里半 | LZH | 柳州 | 白莲 |
| BHY | 北海 | 福城 | LZO | 泸州 | 蓝田坝 |
| BPX | 昌都 | 邦达 | MAC | 澳门 | 澳门 |
| BSD | 宝山 | 云端 | MDG | 牡丹江 | 海浪 |
| CAN | 广州 | 新白云 | MIG | 绵阳 | 南郊 |
| CGD | 常德 | 桃花源 | MXZ | 梅县 | 长岗岌 |
| CGO | 郑州 | 新郑 | NAO | 南充 | 南充 |
| CGQ | 长春 | 大房山 | NDG | 齐齐哈尔 | 三家子 |
| CHG | 朝阳 | 朝阳 | NGB | 宁波 | 栎社 |
| CHW | 酒泉 | 酒泉 | NKG | 南京 | 碌口 |
| CIF | 赤峰 | 赤峰 | NNG | 南宁 | 吴圩 |
| CIH | 长治 | 长治 | NNY | 南阳 | 姜营 |
| CKG | 重庆 | 江北 | NTG | 南通 | 兴东 |
| CSX | 长沙 | 黄花 | PEK | 北京 | 首都 |
| CTU | 成都 | 双流 | PKX | 北京 | 大兴 |
| CZX | 常州 | 奔牛 | PVG | 上海 | 浦东 |
| DAT | 大同 | 大同 | PZI | 攀枝花 | 攀枝花 |
| DDG | 丹东 | 浪头 | SHA | 上海 | 虹桥 |
| DLC | 大连 | 周水子 | SHE | 沈阳 | 桃仙 |
| DNH | 敦煌 | 敦煌 | SHP | 秦皇岛 | 山海关 |
| DYG | 张家界 | 荷花 | SHS | 沙市 | 沙市 |
| ENY | 延安 | 二十里铺 | XIY | 西安 | 咸阳 |

续表

| 三字代码 | 城市 | 机场名称 | 三字代码 | 城市 | 机场名称 |
|---|---|---|---|---|---|
| FOC | 福州 | 长乐 | SJW | 石家庄 | 正定 |
| GHN | 广汉 | 广汉 | SWA | 汕头 | 外砂 |
| HAK | 海口 | 美兰 | SYX | 三亚 | 凤凰 |
| HEK | 黑河 | 黑河 | SZX | 深圳 | 宝安 |
| HET | 呼和浩特 | 白塔 | TAO | 青岛 | 流亭 |
| HFE | 合肥 | 骆岗 | TCG | 塔城 | 塔城 |
| HGH | 杭州 | 萧山 | TEN | 铜仁 | 铜仁 |
| HKG | 香港 | 香港 | TFU | 成都 | 天府 |
| HLD | 海拉尔 | 东山 | TGO | 通辽 | 通辽 |
| HLH | 乌兰浩特 | 乌兰浩特 | TNA | 济南 | 遥墙 |
| HMI | 哈密 | 哈密 | TNH | 通化 | 通化 |
| HNY | 衡阳 | 衡阳 | TPE | 台北 | 桃园 |
| HRB | 哈尔滨 | 太平 | TSN | 天津 | 滨海 |
| HSN | 舟山 | 普陀山 | TXN | 黄山 | 屯溪 |
| HTN | 和田 | 和田 | TYN | 太原 | 武宿 |
| HYN | 黄岩 | 路桥 | URC | 乌鲁木齐 | 地窝堡 |
| HZG | 汉中 | 西关 | UYN | 榆林 | 西沙 |
| INC | 银川 | 河东 | WEF | 潍坊 | 潍坊 |
| IQM | 且末 | 且末 | WEH | 威海 | 大水泊 |
| IQN | 庆阳 | 庆阳 | WNZ | 温州 | 永强 |
| JDZ | 景德镇 | 景德镇 | WUA | 乌海 | 乌海 |
| JGN | 嘉峪关 | 嘉峪关 | WUH | 武汉 | 天河 |
| JHG | 西双版纳 | 景洪 | WUS | 武夷山 | 武夷山 |
| JIL | 吉林 | 二台子 | WUX | 无锡 | 硕放 |
| JIU | 九江 | 庐山 | WUZ | 梧州 | 长洲 |
| JJN | 晋江 | 泉州晋江 | WXN | 万州 | 万州 |
| JMU | 佳木斯 | 东郊 | XFN | 襄樊 | 刘集 |
| JNZ | 锦州 | 小岭子 | XIC | 西昌 | 青山 |
| JUZ | 衢州 | 衢州 | XIL | 锡林浩特 | 锡林浩特 |
| JZH | 九寨沟 | 九黄 | XMN | 厦门 | 高崎 |
| KCA | 库车 | 库车 | XNN | 西宁 | 曹家堡 |
| KHG | 喀什 | 喀什 | XUZ | 徐州 | 观音 |
| KHN | 南昌 | 昌北 | YBP | 宜宾 | 蔡坝 |
| KMG | 昆明 | 长水 | YCU | 运城 | 关公 |
| KOW | 赣州 | 黄金 | YHZ | 盐城 | 盐城 |
| KRL | 库尔勒 | 库尔勒 | YIH | 宜昌 | 三峡 |
| KRY | 克拉玛依 | 克拉玛依 | YIN | 伊宁 | 伊宁 |
| KWE | 贵阳 | 龙洞堡 | YIW | 义乌 | 义乌 |
| KWL | 桂林 | 两江 | YNJ | 延吉 | 朝阳川 |
| LHW | 兰州 | 中川 | YNT | 烟台 | 莱山 |
| LJG | 丽江 | 丽江 | ZAT | 昭通 | 昭通 |
| LXA | 拉萨 | 贡嘎 | ZHA | 湛江 | 新塘 |
| LYA | 洛阳 | 北郊 | ZUH | 珠海 | 金湾 |
|  |  |  | ZYI | 遵义 | 遵义 |

**思考与练习**

1. 机场按用途和功能如何进行分类？

2. 机场由哪三大部分构成？

3. 说出我国三大门户机场、八大区域性机场、十二大干线机场。

# 任务四
# 航线与航班介绍

1. 了解我国国内和国际航线的特点。
2. 了解民航运输的飞行形式。
3. 掌握航班号编排的规律。
4. 熟练读取班期时刻表的信息。

学习
任务

　　飞机的航线是指经过批准开辟的连接两个或几个地点的航空交通线。航线不仅确定了飞机飞行具体方向、起讫点和经停点，而且根据空中交通管制的需要，规定了航线的宽度和飞行高度，以维护空中交通秩序，保证飞行安全。

　　航路是指航空器在空中飞行的预定路线，沿线须有为保障飞行安全所必需的设施。

## 一、航线的构成形式

　　民航运输航线结构的主要形式有两种，即轴心辐射式和城市对式。

　　轴心辐射式又称轮辐式或轮毂式，是以大城市为中心，在大城市之间建立干线航线，满足大城市之间旅客与货物运输的需求，同时以支线航线形式由大城市辐射至附近中小城市，以汇集和疏散旅客与货物。其优点是改进了载运率，增大了航线网络的覆盖面，有利于中小城市的长途旅客，充分利用了航路和乘客资源；其缺点是加重了机场高峰时期的负荷，对大城市间的乘客增加了转机次数，使得小航空公司在干线上的竞争力减弱，政府的调控也变得困难。

　　城市对式是指从各个城市自身的需求出发，建立城市与城市之间的航线。其优点是操作简单，航线之间互不相关，控制容易，特别是在航线的准入和退出上政府的控制容易实行；缺点是对航路资源和乘客资源不能有效地组织和利用。

## 二、我国的航线网络特点

### （一）我国国内航线网络的特点

　　第一，我国国内航线集中分布在哈尔滨—北京—西安—成都—昆明以东的地区。其中以北京、上海、广州的三角地带最密集。从整体上看，航线密度由东向西逐渐减少。

　　第二，航线以城市为主，以大、中城市为辐射中心。

　　第三，主要航线多呈南北向分布，也有部分航线从沿海向内陆延伸，呈东西向分布。

以北京、上海、广州三个城市为中心的辐射航线，基本构成了我国国内航线的格局，再加上以西安、成都、沈阳、乌鲁木齐为中心形成的几个辐射单元，共同组成了国内的主要航线网络。此外，以香港为中心的辐射航线，在我国的航空运输网中也占有重要地位。

（二）我国国际航线网络的特点

第一，我国国际航线以北京为中心，通过上海、广州、乌鲁木齐、大连、昆明、厦门等航空口岸向东、西、南三面辐射。

第二，我国的国际航线的主流是东西向。向东连接日本、北美；向西连接中东、欧洲，是北半球航空圈带的重要组成部分。

第三，我国的国际航线是亚太地区航空运输网的重要组成部分，与南亚、东南亚、澳大利亚等地有密切的关系。

## 三、民航运输飞行的形式

航空运输飞行包括定期飞行和不定期飞行，定期飞行包括班期飞行、加班飞行和补班飞行，不定期飞行指的是包机、专机飞行。其中，班期飞行是民航运输的基本形式，它每年完成的任务量占全部运输飞行任务量的90%左右。

班期飞行是根据班期时刻表，按照规定的航线，定机型、定日期、定时刻的飞行。

加班飞行是根据临时性的需要，在班期飞行以外增加的飞行，是班期飞行的补充，如春运期间加班、暑运期间加班等。

补班飞行是以前的飞行任务因种种原因而未执行的拖延至第二天增补的飞行方式。

包机飞行是指包用民航飞机，用于载运旅客、货物或客货兼载的飞行。

专机飞行是指运送我国党政领导人和外国国家元首或重要外宾的包机飞行。

定期飞行和不定期飞行在法律上的最大区别是定期飞行对外公布运价和班期，向公众提供运输服务，对公众承担义务。不定期飞行是按包机合同飞行，个别申请、个别经营，不对公众承担义务。航空运输企业以定期飞行为主。

## 四、航班号的编排

民航运输机构按照一定的办法，给各个航班以不同的号码，并加上航空公司的代码组成航班号。航班号便于区别不同的航班和组织运输生产，有利于业务上的处理、旅客登机的识别和飞行的指挥调度。

（一）国内航班号

我国国内航班号由执飞航空公司二字代码和四位阿拉伯数字组成。2004年前，四位数字中的第一位数字代表执飞该航班的航空公司基地所在地区代号（即所属民航管理局的数字代号）；第二位数字是航班终点所在地区代号；第三和第四位数字是航班的顺序号，奇数表示去程，偶数表示回程。例如，西安飞往北京的航班CA1202，CA表示中国国际航空公司，第一位数字1表示华北地区（国航的基地在北京，属华北地区），第二位数2表示航班的终点西北地区（西安属于西北地区），02为航班序号，其中尾数2表示该航班是回程航班。

2004年后，随着新兴航空公司和航班越来越多，很多国内航班号不再符合原来的规律（奇偶数结尾的规律仍然不变），这是为了避免航班号出现重复。

（二）国际航班号

国际航班号由航空公司二字代码加三位数字组成，第一位数字表示航空公司，后两位是航班序号，奇数表示去程，偶数表示回程。

例如，由纽约飞往北京的航班号CA982，表示由中国国际航空公司承运的回程航班。

### ▶代码共享航班

拓展阅读

机票上明明印着A航空公司的航班号，上了飞机却发现是B航空公司的航班，这是什么情况？不会上错飞机了吧？经常出差的旅客对"共享航班"这个词绝不陌生。

代码共享是指一家航空公司的航班号（即代码）可以用在另一家航空公司的航班上。那么，乘坐代码共享航班就像上面所说的，旅客在旅行中有一段航程或全程购买的是A航空公司的机票，实际乘坐的是B航空公司的航班，这在如今的航空市场上是很常见的。

那么，为什么会有代码共享这种合作模式出现呢？

代码共享最初起源于20世纪70年代的美国，后来迅速成为全球航空运输业内最流行的合作方式。在我国，国航与美国西北航空公司的代号共享开始得最早，始于1998年5月，合作的层次很深，领域也很广。双方不仅连接了订座和离港系统，互通了常旅客项目，联合销售和促销，而且真正实现了"无缝隙"服务目标，旅客在始发机场办理登机手续时即可一次拿到途中所有航班的登机牌，行李也可被直接运至目的地。

对航空公司而言，通过代码共享合作，可以提高航空公司的航班客座率，加大航班密度，提高航空公司的飞机利用率，为航空公司带来更高的经济效益。同时，在开展代码共享合作过程中，合作各方可以实现航班时刻、航线等资源的互补共享，增强合作双方的竞争优势。总体来说，代码共享可以让航空公司不仅在不投入成本的情况下完善航线网络，提高市场份额，而且打破了某些相对封闭的航空市场的壁垒。

对于旅客来说，也可以享受到代码共享合作带来的众多好处。例如，可以有更多的航班和时刻选择，可以享受一体化的中转服务、优惠的机票、共享的休息室等。

## 五、航班时刻表

为了适应空运市场的季节性变化，根据飞行季节的不同和客货流量、流向的客观规律，各航空公司的有关业务部门每年两次制订航班计划，并将航线、航班及其班期和时刻等按一定的秩序汇编成册，称为航班时刻表（见表2-5）。航班时刻表是由市场计划、空管、运输、飞行和机务等部门协商编制的。每年编排两次，即夏秋和冬春两期。夏秋执行时间为每年三月份的最后一个星期日开始至十月份的最后一个星期六；冬春执行时间为每年十月份的最后一个星期日开始至次年三月份的最后一个星期六。

表2-5　航班时刻表

| DAYS 班期 | DEP 离站 | ARR 到达 | FLIGHT 航班号 | A/C 机型 | VIA/CONNECT 经停/衔接站 |
|---|---|---|---|---|---|
| 始发城市 | FROM GUANGZHOU（CAN） 广州 | 至 | | | |
| 到达城市 | TO AMSTERDAM 阿姆斯特丹 | | | | |
| .2..5.. | 0905 | 1700 | CZ345 | 77B | PEK 北京 |
| 到达城市 | TO BANGKOK 曼谷 | | | | |
| ......7 | 0905 | 1040 | CZ363 | 757 | |
| 1.3.5.. | 0905 | 1040 | CZ363 | 320 | |
| 到达城市 | TO BEIHAI 北海 | | | | |
| .2...6. | 1630 | 1730 | CZ3329 | 735 | |

航班时刻表是航空运输企业组织日常运输生产的依据，也是航空公司向社会各界和世界各地用户介绍航班飞行情况的一种业务宣传资料。

（一）查询航班时刻表的步骤

第一步：根据始发城市的英文名称的第一个字母按字母表中的顺序查找始发城市。

第二步：在查到的始发城市下面查找目的地城市，目的地城市也是按它的英文名称字母顺序排列的。

第三步：在找到始发城市和到达城市之后，自然就看到两个城市之间的航班时刻了。

（二）航班时刻表的内容

班期（DAYS）：代表航班在一周中某一天运营。航班以周为周期，班期中的数字表示星期，如表2-5中的".2..5.."表示每周有两班航班，分别是星期二和星期五，用"."表示当天无航班。

离站（DEP）和到达（ARR）：离站和到达时间均采用24小时制、用四位阿拉伯数字表示，小时和分之间不用":"分隔。如上午8:30表示为0830，下午6:15表示为1815。

航班号（FLIGHT）：执行该航班的航班号。

机型（A/C）：代表机型号。

经停（VIA）：表示此航班在飞行途中经停次数。

## 思考与练习

1. 我国国内航线和国际航线的主要特点是什么？

2. 航空运输有哪些飞行形式？

3. 国内航班和国际航班的航班号编排规则有哪些不同？

4. 代码共享航班的优点是什么？

5. 查阅下面班期时刻表，填写相应信息：

| FROM NANJING（NKG）南京至 | | | | | | |
|---|---|---|---|---|---|---|
| TO GUANGZHOU 广州 | | | | | | |
| ......7 | 1230 | 1425 | 3514 | 320 | | 29/10-18/03 |
| 12.456. | 1230 | 1425 | 3514 | 733 | | 30/10-24/03 |
| ..3.... | 1230 | 1425 | 3514 | 757 | | 01/11-21/03 |
| 1234567 | 1730 | 1925 | 3508 | 757 | | 29/10-24/03 |

3月22日（周二）从南京至广州南航有＿＿＿＿＿＿个航班，起飞时间为＿＿＿＿＿＿；星期三执飞南京至广州的机型是＿＿＿＿＿＿；从南京至广州的飞行时长约是＿＿＿＿＿＿＿＿＿＿＿＿。

项目三

民航客票销售

# 任务一
# 民航国内旅客运价

**学习任务**

1. 了解民航国内旅客运价的基本制定原则。
2. 熟记民航国内旅客运价的基本特点。
3. 熟悉实际工作中民航国内旅客运价的主要种类。

**案例引入**

## ▶SITA尖端技术助力厦航优化运价

中国民用航空2018年8月16日网讯：厦门航空有限公司（简称"厦航"）通过SITA的尖端解决方案，智能地制定针对全渠道产品的运价的对策，提升产品竞争力。凭借持续扩张的国内和国际网络，2017年厦航客运量达3270万人次，盈利能力相当好。厦航已连续31年保持盈利，为保持这一优异成绩，现在厦航将通过SITA的Airfare Insight解决方案对运价决策进行优化提升。

在全球范围内，各航空公司推出的运价产品已经超过1.8亿个，全服务航空公司每天都会通过其直销及分销渠道（包括全球分销系统、旅行代理及公司网站等）高频地生产和更新运价产品。凭借SITA的Airfare Insight解决方案，厦航在激烈竞争中始终保持领先，清晰掌握竞争对手在全球市场中的动态，并依此制定运价对策。

采用SITA的尖端技术，厦航的营销团队可以将合适的运价产品精准地投放给指定的客户群体。同时，SITA赋能厦航精细化管理和分析全球站点的运价产品，从而提升厦航的国际经营效益。目前，厦航拥有近400条国内和国际航线，覆盖中国及东南亚、东北亚、欧洲、北美、大洋洲，遍及177个国家的1074个目的地，在对应市场制定精准的运价对策是极具挑战的。SITA Airfare Insight能自动识别市场中相关运价产品的变化，智能制定运价对策并实现快速投放，为航空公司的整体收入管理和营销策略提供支持。

**想一想**

在广州，人们能够很容易地以750元左右的价格买到飞往济南的经济舱飞机票。但是，在济南却只能买到1420元从济南到广州的经济舱飞机票，乘的是同一航空公司的飞机，甚至是同一架飞机、同样的机组，时间里程也一样，价格居然如此悬殊……

请你想一想，机票价格是如何制定的呢？

## 一、航空运价概述

### （一）定义

运价是指运输产品的价格，也是单位旅客或单位货物在一定运输距离的运输价格。

民用航空国内运输价格（以下简称"国内运价"）是指航空运输企业经营定期民用航空国内运输业务时运送旅客、货物所适用的价格。如旅客运价单位为"元/人"，货物运价单位为"元/千克"。

### （二）运价的制定依据

**1. 运输成本**

运输成本是企业在执行航空客货运输过程中所发生的所有费用，主要包含购买飞机费用、燃油费用、维修费用、航空保险费用、机场服务费用、经营费用、管理费用、财务费用等。

**2. 盈利水平**

使企业能够在确保正常运作的前提下获得更多合理的利润，提高运输的载运率、客座率，在这基础之上实现企业扩大再生产，从而使航空公司在行业中占据更多的份额。

**3. 运价政策**

国家的运价政策是合理利用资源，均衡配置生产力，促进运输产业的发展。

　　《中华人民共和国民用航空法》第九十七条规定：公共航空运输企业的营业收费项目，由国务院民用航空主管部门确定。国内航空运输的运价管理办法，由国务院民用航空主管部门会同国务院物价主管部门制定，报国务院批准后执行。国际航空运输运价的制定按照中华人民共和国政府与外国政府签订的协定、协议的规定执行；没有协定、协议的，参照国际航空运输市场价格确定。

拓展阅读

### （三）运价特点

航空运价除具备交通运输运价的共有特点外，由于其本身所具有的技术和经济上的特点，还有其自身特点。

**1. 运价率"递远递减"**

运输产品的单位是客千米，即运输价格的构成包括两个因素：运输数量和运输距离。

由于运输本身具有"递远递减"的规律，所以当运输数量相同时，随着运输距离的延长，运价率不断降低。

**2. 只有销售价格一种形式**

运输产品不同于工业产品有出厂价与销售价之别，也不同于农产品有收购价与销售价之别，由于运输产品的生产过程与消费过程合为一体，在生产的同时即被消费，因此运价只有销售价格一种形式。

**3. 随运输对象的不同而变化**

运价随着运输对象的不同而变化，有旅客运价和货物运价之分，同一运输距离依据不同的运输对象，其运价也不相同。

4. 运输价格高

由于航空运输生产的耗费率比其他运输工具高，运输成本高，因而反映在运价上就比其他运输工具的运价高。主要原因包括以下三个方面。

（1）飞机本身的价值高，飞机的磨损与折旧对产品成本的影响比较大。

（2）飞机燃料消耗比其他运输工具高几倍到几十倍。

（3）对旅客的服务水平高，以及对设备及维修等方面的要求也比较高。

5. 种类繁多、灵活性大

航空运价随运输对象、服务标准、地区航线、运输方式的变化而变化。根据运输对象、服务等级、季节变化、地区的不同而设定的票价有几十个种类。票价种类之多，弹性幅度之大，是其他交通方式所没有的，正因为如此，航空运价较其他运输方法的运价有更大的灵活性。

## 二、运价的种类和适用范围

### （一）运价的一般规定

根据《公共航空运输旅客服务管理规定》，票价是指承运人使用民用航空器将旅客由出发地机场运送至目的地机场的航空运输服务的价格，不包含按照国家规定收取的税费。

航空运价分公布票价和特种票价两大类。

（1）运价表中公布的票价，适用于直达航班运输，如旅客要求经停或转乘其他航班时，应按实际航段的相关收费标准进行相加计算票价。

（2）特种票价是航空公司对特殊的运输对象给予一定折扣的票价，它以公布的成人全票价为计算基础，除另有规定外，一般不得重复享受其他优惠。使用折扣票价或特种票价的旅客，应遵守该折扣票价或特种票价规定的条件，当收取的票款与适用的票价不符或计算有错误时，应按照相关规定，由旅客补付不足的票款或由航空公司退还多收的票款。

客票价为旅客开始乘机之日适用的票价，客票出售后，如票价调整，票款不作变动。

客票价以人民币10元为计算单位，航空公司收取或支付的任何其他费用均以人民币元为计算单位，尾数一律四舍五入。

旅客应按国家规定的货币和付款方式交付票款，票款一律现付（与航空公司另有协议除外）。

另外，政府、有关当局或机场经营者规定的对旅客或由旅客享用的任何服务、设施而征收的税款或费用不包括在航空公司所公布的票价范围内。

**想一想**

三位不同的乘客购买天津飞往成都的机票，航班为3U8862，乘客A购买票价为2310元的头等舱机票，乘客B购买票价为1540元的经济舱机票。为什么相同的航班却有不同的票价？你觉得合理吗？

### （二）运价的种类

民航旅客票价根据服务等级、旅程方式、旅客年龄、旅客类型等具体情况，划分不同的票价种类。

#### 1. 按服务等级划分

（1）头等舱。

航空公司在有头等舱布局的飞机飞行的航班上向旅客提供头等舱座位（见图3-1），收取头等舱票价。头等舱的座位较公务舱座位宽而舒适，向旅客免费提供的餐食及地面膳宿标准高于公务舱，每人免费交运行李限额一般为40千克。各家航空公司可根据市场来决定头等舱销售价格，未对票价做严格规定，但国内航线头等舱的票价一般是经济舱正常票价的150%，根据头等舱的豪华程度和提供的服务不同，有的会高于这个价格标准。例如，成都至深圳的经济舱票价为980元，中国国际航空公司头等舱票价为980元×150%=1470元，四川航空公司头等舱票价为980元×200%=1960元。

图3-1 头等舱

（2）公务舱。

航空公司在有公务舱布局的飞机飞行的航班上向旅客提供公务舱座位（见图3-2），收取公务舱票价。公务舱座位宽度较头等舱窄，但比经济舱宽，餐食及地面膳宿标准低于头等舱，高于经济舱，每人免费交运行李限额一般为30千克。国内航线公务舱的票价为经济舱正常票价的130%。

图3-2 公务舱

（3）经济舱。

航空公司在航班上向旅客提供经济舱（又称"普通舱"）座位（见图3-3），收取经济舱票价。每人免费交运行李限额一般为20千克，其正常票价以国家对外公布的直达票价为基础。

图3-3 经济舱

## ▶航空公司票价的区别

寻找最低价的飞机票可能是一件令人眼花缭乱的事，因为任何一天都有上万种不同的票价。一架150座在两个城市之间飞行的飞机上，其中一个座位有30种不同的票价也不奇怪。而产生票价不同的主要原因就体现在服务质量上，如头等舱乘客有更大的空间和更加丰盛的餐食。

一般来说，头等舱和公务舱乘客的价格弹性较小，因为他们必须满足客户和市场机会对确定时间和地点的要求，通常这种旅行一接到通知马上就要动身。航空公司利用这种情况向这类乘客定高价，而且不要求他们必须提前购票。相比之下，假期旅行者可以在许多目的地之间进行选择（包括是否乘坐飞机旅行），并在很久之前就预先做好计划。由于这些可由旅行者自行作主的旅行需求对价格变化很敏感，因此航空公司就对某些机票定优惠价，以吸引这部分乘客，但一般要求旅客提前7～30天购买机票。

经常客满的航班就没必要再出售很多低价票，而对那些客座率较低的航班，则应该多一些低价票以吸引更多乘客。确定最有利的票价组合是航空公司的一项复杂而又经常性的工作，计算机系统可以用不断更新的资料评判和改变票价的最优组合。一位乘客在星期二打电话给旅行社，被告知某个航班没有优惠价票，但另一位乘客却有可能在星期三同样通过电话买到了同一航班的优惠价票。

优惠价票往往有许多限制，如要求提前付款出票并且对签转、变更和退票作一些限制等，而正常机票就没有这些限制。因此，有些人认为这些特价机票代表了不同的服务水平，正常机票的较高票价体现这种票能给乘客提供更多方便。

2. 按旅程方式划分

国内航线客票价按旅客不同的旅程方式分为单程票价、来回程票价、联程票价、联程中转票价四种。

（1）单程票价也称直达票价。适用于规定航线上的从始发地到目的地的航班运输，现行对外公布的国内航线客票价均为航空运输的直达票价。

（2）来回程票价也称往返票价，由两个单程票价组成，一个是使用直达票价的去程运输，另一个是使用直达票价的回程运输。航空公司为吸引旅客选乘自己公司的航班，一般实行来回程票价在两个单程票价的基础上可享受一定的折扣。

例如，海口至杭州的Y舱来回程票价原价为1000×2=2000元，但海南航空公司规定如一次性购买来回程机票可享受全票价5%的折扣，即旅客支付的费用为单程票价1000×95%=950元，来回程为1900元。

（3）联程票价是旅客的航程包括一个以上航班，需在航班的中途站或终点站换乘另一航班才能到达目的地。联程票价是将旅客所乘坐航段的票价相加，作全程票价。通常不同的航空公司对联程机票的价格都有不同程度的优惠政策。

例如，旅客购买下列联程机票旅行：北京至上海880元，上海至三亚1150元，则旅客需要支付的联程票价全价为880+1150=2030元。在此基础上，再根据航空公司的优惠政策享受优惠。

**▶民航票价改革继续深化：更多低线级城市纳入市场化调整序列**

拓展
阅读

2020年11月26日，中国民航局会同国家发展改革委印发《关于进一步深化民航国内航线运输价格改革有关问题的通知》（以下简称《通知》），明确自2020年12月1日起，放开3家以上（含3家）航空运输企业参与经营的国内航线的旅客运输价格（以下简称"国内运价"）。改革后，实行市场调节价的国内航线将大幅增加，市场决定价格的机制将进一步得到强化。对于此次新政放在"放开3家以上（含3家）航空运输企业"，罗兰贝格管理咨询公司全球合伙人、中国区副总裁于占福在接受澎湃新闻记者采访时表示，相比2018年民航票价改革聚焦在"5家及以上"，此次改革会让市场的反应更直接，能够催生出来的航线票价的变化会更明显。之所以这个数字从5降到3，于占福认为这体现出了民航票价市场向更加市场化的方向去进步。

《通知》要求航空运输企业要合理确定调整范围、频次和幅度，确保航空运输市场平稳运行。航空运输企业和销售代理企业要严格遵守《中华人民共和国价格法》《中华人民共和国民用航空法》的有关规定，及时、准确、全面地向社会公布实际执行的各种运价种类、水平和适用条件。同时，民用航空主管部门将进一步加强对国内运价的监督，将价格违法违规行为记入信用记录，并依据《民航行业信用管理办法（试行）》实施惩戒。

据民航局方面介绍，此次深化民航国内运价市场化改革、扩大市场调节价航线范围，是民航局会同国家发展改革委贯彻落实党中央、国务院决策部署，扎实做好"六稳"工作，全面落实"六保"任务，进一步深化"放管服"改革，有效扩大国内航空运输市场需求，不断满足旅客多样化航空运输需求，加快行业复苏的重要举措。

（4）联程中转票价是一种特殊的联程票价，是航空公司为了最大限度地利用舱位、整合资源而推出的票价。与直达航班的始发地和目的地相对应，旅客在中转点换乘其他航班前往目的地，全程多个航段视为一个运价区所使用的票价。其价格一般低于直达票价。

**（三）常见的特种票价**

特种票价是在经济舱正常票价的基础上对符合购票时限、旅客身份、航班时刻、季节浮动等限制条件的团体或单个旅客给予一定的优惠的票价。常见的特种票价有以下种类。

1. 儿童/婴儿票价

（1）儿童是指年满2周岁，但未满12周岁的乘客。国内旅行时，儿童按适用成人全票价的50%购买儿童票，航空燃油附加费减半收取，单独占用一个座位，享受和成人一样的免费交运行李限额。

（2）婴儿是指年龄在出生14天以上、2周岁以下的乘客。婴儿按适用成人全票价的10%购买婴儿票，免收航空燃油附加费，不单独提供座位，婴儿没有免费交运行李限额。

例如，乌鲁木齐至太原的经济舱成人票价为2200元，则相应航段的经济舱儿童票价为2200×50%＝1100元，婴儿票价为2200×10%＝220元。

每位乘客只能携带一名按适用成人全票价的10%购票的婴儿，如果婴儿超过一名，其余超过的婴儿需要购买儿童票，提供单独座位，并享有免费交运行李限额。

### 练一练

1. 某旅客在北京一家航空公司购买一张客票，经济舱票价为1400元。该旅客购票时提出携带一名未满2周岁的婴儿旅行。请问该旅客应支付多少票款？

2. 成都至福州的经济舱成人票价为1660元，若一位旅客携带其双胞胎婴儿从成都飞往福州，请问该旅客共需要支付多少票款？

### 小贴士 ▼

儿童和婴儿的年龄指开始旅行时的实际年龄，如其在开始旅行时未满规定的年龄，而在旅行途中超过规定的年龄，不另补收票款。航空公司销售以上优惠客票时，不得附加购票时限等条件。现在航空公司在部分航线上也推出了低于5折的特价儿童票。国际及港澳台航线儿童票价按照各家航空公司的规定享受一定的折扣，常见折扣为适用成人票价的75%。

### 2. 团体票价

航空公司可以按有关规定向国内外团体旅客提供优惠的特种票价，该票价附有诸如不得签转、出票时限、退票条件等限制条件。购买儿童、婴儿票价客票的旅客不计入团体人数内。团体旅客可以在开放的航班上申请订座，订妥座位后，应在规定或预先约定的时限内购票，否则所订座位不予保留。

### 3. 革命伤残军人（因公致残人民警察）残客票价

革命伤残军人和因公致残人民警察在乘坐国内航班时，凭《革命伤残军人证》或《人民警察伤残抚恤证》，在规定的购票时限前，按适用正常票价的50%计收。

### 小贴士 ▼

根据民航局最新规定：儿童、婴儿以及革命伤残军人、因公致残的人民警察乘坐国内航班，可以自愿选择购买航空运输企业在政府规定政策范围内确定并公布的其他种类票价，并执行相应的限制条件。

► **"西安咸阳国际机场暑期航空旅游集市"走进高校 专属特惠机票服务学生出行**

暑期和毕业季将至，为促进暑期师生返乡出行，西安咸阳国际机场携手同程旅行，联合多家航空公司，2022年6月17—28日在长安大学、西安思源学院、西安培华学院、西安外国语大学、西安财经大学、西安工程大学等多所高校，举办"西安咸阳国际机场暑期航空旅游集市"进校园活动。

其间，西安咸阳国际机场与各高校联合开展才艺展示、音乐节等形式多样的校园活动，现场设置"幸运套圈"送西安咸阳国际机场吉祥物"西西""悦悦"及国内往返机票等互动游戏，在校师生踊跃参与，将现场气氛不断推向高潮。

此外，各航空公司和OTA平台为师生提供暑期专属特惠机票，通过抽奖为老师和同学送飞机模型、航司吉祥物、行李吊牌等各种特色航空小礼品。此次活动吸引了广大师生的关注，参与的同学纷纷表示希望日后能举办更多的此类活动。

4. 师生优惠票价

寒暑假期间，教师和学生是相对时间较自由的团体，他们往往会利用这段时间进行旅游、度假。为吸引这部分旅客选择航空旅行，许多航空公司都对教师和学生在寒暑假期间乘坐国内航班时，凭教师证和学生证给予一定优惠。

例如，某航空公司规定，在寒暑假期间，对持有教师证或学生证的旅客按正常票价的60%和50%计收。重庆至上海的经济舱全票价是1490元，寒暑假期间教师凭教师证购票只需要支付$1490 \times 60\% \approx 890$元，学生凭学生证购票只需要支付$1490 \times 50\% \approx 750$元。

5. 免票、优惠票

由承运人特殊批准的旅客，对其特别授权或许可，可以填开由该承运人承运的免票、优惠票。如民航管理局相应领导因公乘机旅行、本航空公司工作人员因公旅行、包机单位的押运人员等经批准可填开免费客票，本航空公司的合作伙伴等经批准可填开优惠客票或免费客票。

6. 包舱票价

在有小客舱的大型飞机执飞的国内航班上，可以向旅客提供包舱服务，人数以小客舱内的座位数为限，价格给予一定优惠，称为包舱票价。包舱内的座位数乘以包舱票价，即包舱总费用，包舱的总免费交运行李限额为包舱内的座位数乘以该舱位等级对应的每位旅客免费交运行李限额。

7. 额外占座票价

旅客因为舒适或其他理由，希望额外占用座位，可根据实际占用舱位的座位数计收。如一个经济舱的旅客由于体型较大，经济舱的座位无法满足该旅客的需要，旅客需要在旁边额外占用一个座位，则旅客需支付两个经济舱座位的客票价。当额外占用的座位数超过一个时，须在额外占用座位标识"EXST"前注明额外占用的座位数，其总免费交运行李限额为所占座位数乘以相应舱位等级的每位旅客免费交运行李限额。每个座位放置的行李物品总重量国内航班不得超过72千克，国际航班或国际航班国内段限额为75千克，总体积不得超过40厘米×60厘米×100厘米。

8. 季节票价

航空季节票价是指航空票价按照季节性售票的总称。一般根据旅游的淡旺季划分，各航空公司对于季节的划分各有不同，一般把一年分为旅游旺季和淡季，也有把一年分为旅游旺季、中间季节和淡季，各季都有其相适应的票价。航空公司在旅游淡季向旅客提供的优惠票价，属于促销票价。

**拓展阅读**

目前，很多商业银行与不同航空公司合作，推出具有积分功能的航空联名卡，如工商银行的牡丹海航信用卡、招商银行的国航知音信用卡、中信银行的国航知音信用卡、建设银行的东航龙卡等。

使用这类航空联名卡（见图3-4）购买该航空公司的机票时会有许多优惠，如刷卡买机票打折、送保险、积分换里程等优惠。某些联名卡甚至还推出了买一张机票再获赠一张机票的活动，对于集体出游的家庭来说再实惠不过了。

图3-4 航空联名卡

### （四）包机运输

包机运输是承运人和包机单位单独签订运输合同的客运、货运或客货兼运的民航运输。

包机运输方式可分为整包机和部分包机两类。

1. 整包机

（1）整包机即包租整架飞机，指航空公司按照与租机人事先约定的条件及费用，将整架飞机租给包机人，从一个或几个航空港装运旅客或货物至目的地。

（2）包机人一般要在货物装运前一个月与航空公司联系，以便航空公司安排运载和向起降机场及有关政府部门申请、办理过境或入境的有关手续。

（3）包机的费用一次一议，随市场供求情况而变化。原则上包机运费，是按每一飞行千米固定费率核收费用，并按每一飞行千米费用的80%收取空放费。因此，大批量货物使用包机时，均要争取来回程都有货载，这样费用比较低。只单程使用的话，运费比较高。

2. 部分包机

（1）部分包机指由几家公司或包机人联合包租一架飞机或由航空公司把一架飞机的舱位分别卖给几家单位。部分包机运用于客货运量不足一架整飞机舱位但运量又较大的航空运输。

（2）部分包机时间比班机长，尽管部分包机有固定时间表，往往因其他原因不能按时起飞。

（3）各国政府为了保护本国航空公司利益，常对从事包机业务的外国航空公司实行各种限制。例如，包机的活动范围比较狭窄，降落地点受到限制。需降落非指定地点外的其他地点时，一定要向当地政府有关部门申请，同意后才能降落（如申请入境、通过领空和降落地点）。

3. 包机的一般规定

（1）承运人组织包机运输必须根据客观需要、公司运力和定期航班等情况妥善安排。对于任务性质重要、时间紧迫而定期航班又无法解决的，要尽力组织运力承担。对于有重大政治影响的紧急包机任务，优先承担。

（2）必须合理、经济地安排包机的机型、数量及包机飞行的路线，以减轻包机单位的负担，避免运力浪费。

（3）在组织安排包机时，要考虑解决好在包机运输中有关运力及始发地和目的地的地面设施及地面运输服务等方面的问题。

（4）非固定航线的包机，只有在符合飞行安全的条件下才可接受。

（5）如包机在订座系统中显示（即包销航班），航班不正常时的旅客处理与正班一致；如包机不在订座系统中显示，如果是承运人原因造成航班不正常，则由承运人承担责任，如果是包机人原因造成航班不正常，则由包机人承担责任。

（6）包机人应保证每个旅客都持有有效证件，包括护照、签证、卫生检疫证及其他必需证件，如因此出现差错而造成承运人蒙受经济损失，包机人承担责任。

（7）包机人应按合同条款所列的包机起飞时间安排旅客提前一个半小时到达机场，办理登机和出境手续，截止检票的时间按国际惯例为起飞时间前半小时，如发生旅客误机，其后果由包机人负责。

（8）承运人由于不可控制或不可抗拒的原因（如天气不适合飞行、战争或自然灾害等）而未能按预定时间飞行或未能履行合同时，承运人不需承担责任。

4. 包机运输的种类

根据包机人或包机目的的不同，可将包机种类分为自用包机、旅游包机、社团包机、学生或学习团体包机、货物包机和专机等。

（1）自用包机。

自用包机是指包机人（如自然人、商人、公司、事务所、政府部门或协会等）为其本身的需要或为参加某项特定的国际活动，载运所属人员或货物而包用的飞机。此种飞机载量属包机人专用。

包机人包用的所有舱、座位，不得零售或出售；自用包机的旅客一般不负担此种包机的飞行成本；自用包机载运的货物不得用于商业性质。

例：中国渔船船长詹其雄，在钓鱼岛附近海域被日本非法逮捕，在被非法拘留17天后，于北京时间2010年9月25日1时12分，由外交部和农业部组成的联合工作组接护，乘坐中国政府包机启程回国（见图3-5）。

（2）旅游包机。

旅游包机是指旅游组织者在预订期间内包用单程或来回程的不定期飞行，并按旅游价格收费（见图3-6）。

包机的旅客必须交付同一综合游览票价（包括飞机票、地面交通、游览、膳宿费用等），并且来回程包机的旅客姓名、人数不得改变（临时因病或其他意外情况，不能同机成行并持有证明者除外）。

旅游包机的包机人、承运人及代理人不得在中华人民共和国境内招揽零散旅客或以其他旅客替换，不得载运其他类型的不定期飞行的旅客和货物。

图3-5　中国船长詹其雄乘包机回国

图3-6　赴台旅游包机

（3）社团包机。

社团包机要求包机的旅客必须是同一社团（如各行业工会、宗教、音乐、体育团体等）的成员及其家属（见图3-7）；社会团体的成员应具有加入该团体三个月以上的资历，并有该团体的书面证明才能享受社团的优惠，每个社会团体的成员人数不得多于两万人；包机的目的是进行考察、科研、集会或参加国外同行的活动等；包机人可以是一个或一个以上团体，但每个包机团体的旅客人数不得少于40人；每位旅客所付的票价，不得低于相应的定期航班公布正常来回程票价的70%或经批准的特别票价。

（4）学生或学习团体包机。

学生或学习团体包机的旅客必须是公立或私立全日制大中学校（院）的学生（见图3-8），年龄不得超过27周岁；包机人可以是一个或一个以上团体，但每个包机团体的旅客人数不得少于40人；包机去程和回程相隔时限不得少于四个星期；每位包机旅客所付的票价，不得低于定期航班上普通来回程票价的65%。

图3-7　深圳校友包机回母校

图3-8　云南清华新生包机赴京上学

（5）货物包机。

货物包机是指货主为运送鲜活物品，军用物资，急救、救灾物品，纺织品等类货物而向航空承运人包用的飞机（见图3-9）。此种包机是在定期航班以外的地点进行，有特别协议或经特准的除外；此种包机载运的货物运价，不得低于定期航班公布的货运价。

图3-9　货物包机铺轨准备装货

（6）专机。

专机是指运送国家元首、政府首脑或议会议长的飞机。从事此种飞行一般通过政府间外交途径安排。

### ▶"点对点"精准输送！首批68名新转移务工人员乘包机抵达金山

拓展阅读

为保障节后务工人员来金山务工及企业用工需求，2023年2月8日，金山首次以包机的形式，开展"点对点"精准输送，金山与普洱四县人力资源社会保障部门携手，确保务工人员出家门、上车门、下车门、到厂门。云南普洱对口宁洱、墨江、镇沅和景东四县68名来金新转移务工人员乘坐包机抵达虹桥机场（见图3-10）。

"这次出来，全部由政府统一安排，连一瓶水都不用带，为我们节省了2000元到3000元的路费开支，直接带我们上飞机，然后又有专车送到公司，宿舍里都是崭新的床品，太好了，太感谢了！"这是此次乘坐包机的陈先生的深切感受。

图3-10 务工人员乘包机抵达金山

### 思考与练习

**一、基础训练**

1. 民航运价有哪些特点？

2. 儿童票与婴儿票价是如何收取的？

**二、案例分析**

1. 三位不同的乘客购买天津飞往成都的同一航班机票，乘客A购买票价为2310元的头等舱机票，乘客B购买票价为1540元的经济舱机票。为什么相同的航班却有不同的票价？你觉得合理吗？

2. 某旅客在北京一家航空公司购买一张客票，起飞时间5月28日8点30分，经济舱票价为1280元。该旅客购票时提出携带一名未满2周岁婴儿旅行。请问该旅客应支付多少票款？

# 任务二
# 电子客票销售

1. 掌握购票有效身份证件的种类。
2. 了解电子客票的发展历程和使用情况，掌握电子客票的优缺点。
3. 熟知电子客票的售票流程。
4. 掌握电子客票的使用流程。

## ▶登机前忘记带身份证怎么办

旅客乘坐国内航班时，机场安检会核查旅客的有效乘机身份证件和登机牌。目前，常有旅客因为身份证遗失或身份证过期而不能通过安检，影响登机。在此，机场公安分局温馨提醒广大旅客，出行前请先检查自己的身份证，如果身份证过期或遗失可采取以下三种补救措施。

一、除身份证外，旅客还可用护照、港澳通行证等其他有效证件乘机（购票和乘机时使用的证件必须一致）。

二、身份证过期或遗失的，可到户籍所在地派出所办理临时身份证。如果是在户籍所在地以外被盗或丢失的，可凭发案地、损失地公安机关出具的临时身份证明通行。（注：临时身份证明应加贴本人近期照片、加盖当地公安机关户籍专用章，并注明有效期）

三、可在乘坐航班起飞2小时之前，携带其他有效证件（方便提供自身身份证号码）和两张1寸的彩照，到机场公安分局警务室（候机楼到达厅出口左侧）免费办理临时乘机证明（仅限国内旅客）。

最后，机场公安分局再次提醒：对持居民身份证复印件、伪造或变造证件、冒用他人证件者，将严格处理并不予放行登机。

为确保飞行和航空运输安全，国家规定民航客货运输均实行实名制。旅客购买飞机票、办理乘机手续、通过安全检查时，货主在发运货物、收货人提取货物时，必须提供有效身份证件。哪些证件才是乘机的有效身份证件呢?

### 一、旅客购票乘机的有效身份证件

有效身份证件包括法定身份证件和其他有效证件，法定身份证件可分为三大类：居民身份证件、军人类证件和护照类证件。

（一）法定身份证件

1. 居民身份证件

居民身份证件是航空旅行中使用最多的证件，包括国内大陆地区的居民身份证和临时居民身份证。

目前使用的居民身份证为第二代居民身份证（见图3-11），第一代居民身份证已经停发，2013年1月1日起第一代居民身份证全部停用。

临时身份证适用于应申领居民身份证而尚未领到证件的人，以及居民身份证丢失、损坏未补领到证件的人，在其有效期内效力等同于居民身份证，有效期分为阿拉伯数字填写的"3个月"和汉字填写的"一年"两种。

图3-11 第二代居民身份证样本

知识链接

第一代居民身份证是中国自1984年开始实行身份证制度来，为中华人民共和国公民颁发的身份证件，第一代居民身份证共经历了两个阶段。

在20世纪80年代制发一代身份证的时候，受当时的经济条件、技术条件的限制，在制证材料、制证技术、防伪性能等各方面与二代身份证相比有不小的差距：一是防伪性能比较差；二是制作工艺比较烦琐，制作周期也比较长；三是核查的手段比较落后，辨认效率低。

为了提高证件的防伪性能，从1995年7月1日起启用新的防伪居民身份证。证件采用了全息透视塑封套防伪技术，使用这一技术后，身份证几乎不可能无损剥离，任何企图变造已经处理过的信息的行为，都将使全部图像遭到破坏，有效地防止了伪造、变造。

1999年10月1日起，经国务院批准，在全国范围内建立和实行居民身份证号码制度——国家为每个公民从出生之日起就编定唯一的、终生不变的身份代码。从该日开始，可以为申领、补领、换领证件的公民颁发18位号码的居民身份证，此前颁发的15位编号的身份证仍然有效，有效期内不必换发新证。如果持证人要求换领，可为其换发18位号码的居民身份证。

截至2003年，累计制作颁发第一代居民身份证11.4亿份，实有持证人数达9.6亿。2004年开始颁发第二代居民身份证，不再颁发第一代居民身份证，但在有效期内的第一代居民身份证仍可使用，直到2013年1月1日，全面停用第一代居民身份证。

2. 军人类证件

军人类证件包括军官证、武警警官证、士兵证、军队文职干部证、军队离退休干部证、军队职工证、军队学员证。

法定不予颁发居民身份证的现役的人民解放军军人、武装警察部队官兵的有效身份证件为中央军事委员会颁发的军官证（见图3-12）、武警警官证、士兵证和军队文职干部证。

人民解放军、武装警察部队的离退休干部，如果未移交到地方，军队的离退休干部证是其有效身份证件。

地方公安部门不为人民解放军在编职工颁发居民身份证，而由解放军后勤部颁发的军队职工证是其有效身份证件。解放军现已不再新招聘在编职工。

图3-12 军官证样本

人民解放军、武装警察部队院校学员，取得军籍时居民身份证即注销，所在院校颁发的学员证是其有效身份证件。

小贴士 ▼

人民警察的警官证（见图3-13）不是其法定有效证件，不能用于乘机，他们乘坐飞机的有效证件是居民身份证。

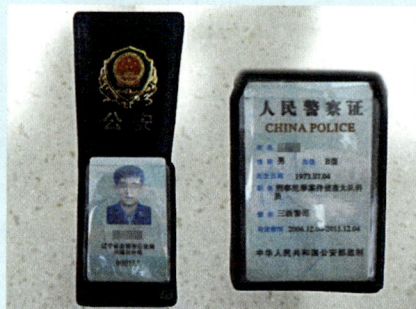

图3-13 人民警察警官证示例

3. 护照类证件

护照类证件包括护照（见图3-14）、港澳同胞回乡证、港澳居民来往内地通行证、中华人民共和国往来港澳通行证、台湾居民来往大陆通行证、大陆居民往来台湾通行证、外国人居留证、外交官证、领事官证、海员证等。

（二）其他有效证件

有些证件并不是法定身份证件，但可以用于旅客购票、乘机和办理客、货运业务，这些证件包括以下几类。

（1）全国人民代表大会代表、全国政协委员，凭当届全国人大代表证、全国政协委员证可购票乘机。

图3-14 护照

（2）出席全国或省、自治区、直辖市的党代会，人代会，政协会，工、青、妇代会和劳模会的代表，凭所属县、团级（含）以上党政军主管部门出具的临时身份证明可购票乘机。

（3）旅客的居民身份证在户籍所在地以外被盗或丢失的，凭发案、报失地公安机关出具的临时身份证明可购票乘机。

（4）十六岁以下未成年人凭学生证、户口簿或者户籍所在地公安机关出具的身份证明可购票乘机。

（5）两岁以下的婴儿和两周岁至十二周岁的儿童凭户口簿、出生证办理购票和乘机手续。

（6）军人和武装警察退出现役时，军官证、警官证、文职干部证、士兵证等已收回，居民身份证尚未办理，其军官和文职干部转业证、士兵退伍证，自签发之日起，半年内可作为购票和办理乘机手续的有效证件。

（7）持中华人民共和国护照的居民，无身份证者，在护照签证有效期内，可凭护照办理购票乘机手续。

（8）如旅客执行紧急公务，或危急病人急需乘机，但又不能出具有效身份证件，经航空公司和当地机场最高领导批准，可予以办理购票和乘机手续。

拓展
阅读

## ▶旅客对乘机时出示身份证件的几个误区

"我没带身份证但有你们公安机关颁发的驾驶证，驾驶证上有身份证号码，为什么不能登机？"据一名民航公安机关工作人员介绍，在日常工作中他经常遇到类似的疑问。

大家都知道在我国乘坐民航班机的旅客都必须出示有效乘机身份证件。但在实际工作中，旅客经常有下面几个误区。

（1）旅客有效乘机身份证件丢失、未带、损坏，但持有其他证件，如驾驶证、暂住证、工作证等，就认为这些证件可以证明自己的身份，也可以登机。

（2）旅客随团队或几个人结伴而行，有效乘机身份证件丢失、未带、损坏的，认为自己是守法公民，由同行人担保甚至由同行人暂押身份证，可以登机。

（3）认为抱在手里的婴儿不需要什么身份证明，或者对于儿童，让其出具确定儿童和成年人关系的证明材料时，认为就是自己的孩子不需要什么证明。

（4）身份证过期（超过六个月）的，认为身份证就是自己的，照片上的人就是自己，只是过期，可以登机。

以上几个误区的产生与旅客对有效乘机身份证件理解有误相关。根据《中国民用航空安全检查规则》，有效乘机身份证件的种类包括：中国籍旅客的居民身份证、临时身份证；军官证、武警警官证、士兵证、军队学员证、军队文职干部证、军队离退休干部证和军队职工证；港、澳地区居民和台湾同胞旅行证件；外籍旅客的护照、旅行证，外交官证等；中国民航局规定的其他有效乘机身份证件。对十六岁以下未成年人，可凭其学生证、户口簿或者户口所在地公安机关出具的身份证明放行。如因证件不全，可凭相关证明材料到机场公安机关办理《乘坐中国民航飞机临时身份证明》。

## 二、电子客票发展历程和特点

现在民航客票普遍采用电子客票。

电子客票实际是传统纸质机票的一种电子影像，是一种电子号码记录。纸质机票将相关信息打印在专门的机票上，而电子客票则将票面信息存储在订座系统中。由于原来纸质机票上的信息全部被保存在系统中，因此电子客票只是"无纸"而不是"无票"。电子客票可以像纸质机票一样，执行出票、作废、退票、换开等操作。工作人员可以随时提取电子客票、查看客票的信息。此外，电子客票采用全部电子化的结算流程，不需要纸质票联就能结算。

作为信息时代纸质机票的一种替代品，电子客票是世界上最先进的客票形式，在许多国家已十分普及。它利用计算机网络平台将传统客票电子化、虚拟化，将票面信息存储到订座系统中，实现无纸化、电子化订票、结账和办理乘机手续。

电子客票给乘客带来诸多便利，并降低了航空公司成本。乘客可以在异地订购机票，只需凭有效证件就可直接办理登机。

由于电子客票没有了传统纸质客票的"旅客联"作报销凭证，需要报销的旅客可打印《电子客票行程单》作为报销凭证。

中国民航的电子客票项目于1999年正式启动，担负此项目开发、推广工作的中国民航信息网络股份有限公司，利用多年来开发电子信息项目的成功经验和技术优势，仅用一年时间就完成了电子客票项目任务。国内纸质机票从2006年10月起开始逐步退出市场，由电子客票取代，国际客票也逐步使用电子客票代替纸质机票。

与纸质机票相比，电子客票有一定的优势，给承运人和旅客都带来了便利，但在推广中也遇到一些问题。

### （一）电子客票的发展历程

1993年，第一张电子客票在美国问世，1994年美国西南航空公司率先推出电子客票。

2000年3月，中国南方航空公司率先推出国内第一张电子客票（本票电子客票）。

2004年，国航、南航、东航三大航空公司均有自己的电子机票系统，但是并未加入BSP电子客票（中性电子客票）系统当中。直到2005年1月，国航、东航正式加入BSP电子客票系统。10月31日，南航也加入了BSP电子客票系统。

2004年9月1日，海南航空公司开始使用中国第一张BSP电子客票。

2004年9月底，东航推出首张B2C电子客票（个人电子客票）。

2004年9月，游易航空旅行网销售出了第一张中国国际航空公司的电子机票。

2006年6月，电子客票行程单作为全国统一的报销凭证，正式启用。

2006年10月，国航停止发售纸质票，全面推进电子客票。

2007年年底，全球实现100％BSP电子客票的目标。

### （二）电子客票的优势

1. 省去送票、取票时间

乘客如果选择电子客票，可以通过网站、电话、航空公司进行预订，在网上银行付款后，利用有效证件直接办理登机手续就可以了。

而使用纸质机票，乘客则需要通过电话或者在网上下订单，然后等待送票或者自己上门付款、取票，再拿机票去办理登机手续，过程非常烦琐。旅客在时间紧迫的情况下，购买纸质机票有误机的风险，而购买电子客票则方便快捷，旅客甚至可以在赶往机场的路上通过手机App订票和支付，只要在值机要求的最后时间前赶到机场，便可成行。

### ▶纸质客票

在2006年年底之前，我国民航广泛使用的是纸质客票（见图3-15）。

纸质客票是指由承运人或代表承运人所填开的被称为"客票及行李票"的凭证，包括运输合同条件、声明、通知及乘机联和旅客联等内容。

图3-15 纸质客票

纸质客票由财务联、出票人联、一张至四张不等的乘机联、旅客联组成。

财务联（绿色）由出票部门工作人员填开（或打印）客票后撕下，凭此作销售日报，并与销售日报一同上交财务部门，供财务部门审核和入账使用。

出票人联（粉红色）客票填开后撕下，由出票部门存档备查。

乘机联（淡黄色）供旅客在办理登机手续时使用，由办理乘机手续部门或换开客票的部门撕下。在填开客票时，作废乘机联必须由出票部门撕下后与财务联一起附在销售日报上交财务部门。

旅客联（白色）填开客票时不撕下，交给旅客，由旅客留存。

纸质客票上的客票号码共有十三位数，前三位是航空公司的三字代码（又称"运单前缀"），第四位是客票乘机联数，第五至第十三位数是客票序号，第十四位数是检查号。电子客票也有同样的客票号码，不过旅客很少注意到。

2. 不会出现丢失情况

电子客票由于不存在实体票据，乘客只需要记住自己的行程即可，一些航空公司和机票代理网站为避免乘客忘记，在每次订票结束后都会通过手机短信和电子邮件的方式，向客人准确地告知其所乘航班的日期、时间、航班号和行程等信息。只要乘客记住航空公司和起飞时间，或者出示手机收到的购票信息，带着证件就能办理登机手续，也就不存在丢失的问题了。

3. 订票不受空间限制

订购纸票顾客需要等待送票，而且只能在固定的地点买票，对于无法送机票的偏远之处，或者是在值机柜台关闭前很短的时间内，都不能顺利拿到机票，而电子客票却能避免这样的尴尬。电子客票只需要预订，通过网银或手机App支付后都可以登机。

（三）电子客票遇到的问题

1. 部分乘客不认同

许多旅客认为买纸质客票时，付款后手里有凭证，而电子客票付款后手里什么也没有，心里感觉很不踏实，必须"手攥机票"才安心。因此有许多旅客往往在购票后打印出行程单，把行程单当作机票。

2. 网上安全成为难题

旅客在享受电子客票带来方便快捷的同时，也面临一些安全隐患。特别是航空旅游旺季，形形色色的安全隐患尤为突出。

例如，网络上病毒横行，若网上支付的过程中ID被盗窃，乘客银行卡里的钱就有被掏空的风险，这也是电子客票推广过程中所遇到的最大难题。许多中老年旅客往往没有网银或不懂网银的使用，电子客票给他们购票带来了一定的麻烦，只有这部分旅客的消费、理财观念转变后才能很好地解决这一问题。

**拓展阅读**

## ▶电子客票遇到的骗子常用伎俩

**骗术一：黑代理利用行程单行骗**

由于行程单可以在代理点打印，一些黑代理利用篡改行程单的办法非法牟利。他们的骗术主要有以下三种。

第一，提供给旅客虚假的订票信息。在接受旅客订票后，一些黑代理用高清复印机打印出假行程单，实际上旅客的订票信息并未输入电脑。黑代理利用电子客票系统退票验证过程简单的特点，在消费者登机前办理退票。无论是网上订购还是在固定售票点购买的航空电子客票，均可由本人或代理人凭航空客票行程单到各航空公司网站或售票点直接办理退款，消费者很容易钱票两空。

广州发生过一起不法分子复印电子客票行程单一次骗走3万多元的案件。一家机票代理公司的送票员赵某收取了客户34000多元，帮对方买了36张电子机票，然后用高清复印机复印了一份副本交给客户。客户登机时才知道机票全部被退票了。

第二，通过暗箱操作，修改机票价格，私吞差价。浙江邵先生在网上订购了温州利民航空服务公司的一张打折机票。当天的航班因故取消，邵先生以"未尽告知义务"为由向工商局投诉此事。

　　让人没想到的是，执法人员经过仔细辨别，发现邵先生的行程单是假的。真行程单使用防伪纸印制，上有"SW"和"MH"组合字样的水印图案，而温州利民航空服务公司的行程单上没有此水印。

　　专家提醒，随着电子客票的全面推广，消费者仅凭身份证就能领取登机牌。某些黑代理从正规渠道拿到真的电子客票行程单，然后修改价格、单位等信息，自制出高仿真的假行程单。乘客办理乘机手续只需要身份证明，不需要行程单，因此假行程单既不影响旅客乘机旅行，黑代理又能通过修改差价从中牟利。只有消费者在报销或退票，以及发生消费纠纷的情况下，假行程单才可能暴露。

　　第三，利用时间差骗取票款。按照电子客票的销售流程，系统接到订票电话后，会把订票人相关信息输入电脑预留座位。此时，消费者在网上就能查到自己的预订信息。但需要注意的是，这一预订在消费者付费后才会生效。黑代理往往利用这一漏洞，首先通过正规订票点订票，然后打印假的行程单，交到旅客手中收取票款，此后再取消该机票的预订。旅客手中的行程单就成了一张废纸。

　　**骗术二：冒充航空客服骗钱**

　　网上一条打折机票的信息"深圳到沈阳只需629元"吸引了汤小姐。相对于2000元左右的全价票，她有些怀疑，但看到网页上留的400全国统一服务热线，又觉得比较放心，便照着网页上的电话号码拨了过去。电话中，一位工作人员表示，将派专员送票，但要求当事人先行前往银行打款。汤小姐打款完毕，遂再次致电该客服，对方让其耐心等待。其间，当事人多次催促，客服人员以种种理由推脱，此后便再无音信。

　　点评：网上机票信息纷繁复杂，个别人通过注册并发布400、800开头的号码，冒充正规航空服务公司，也有的是留QQ号和手机号。骗子经常将电话等待音设置成事先录好的一段彩铃，给当事人造成正规客服的错觉。

　　提醒：广大消费者应到航空公司直属售票处、网站或正规销售代理企业咨询、购票。

　　**骗术三："联机激活退款"骗人转账**

　　杨先生有两张机票要退，他在网上搜索某航空公司的名称，获得一个400开头的号码。电话中，所谓的客服人员记录下了杨先生的信息之后，表示可以办理退票业务，但款项需走银行卡，具体来说，就是要杨先生的账户与他们公司账户发生关联后才可以转账。该男子建议就近找一部ATM机，进行"联机激活退款"。其间，对方以退款需"关联密码"为由，让杨先生输入一组数字。输完之后，当事人才发现该数字对应的钱款已经从自己的账户中转出。

　　提醒：骗子利用人们对退票程序、ATM机操作的陌生，从而获得诈骗机会。办理退票业务，需要找原来的出票地办理，不要轻易相信网络上的搜索结果。

　　**骗术四："恶意"退票取消舱位**

　　张先生通过某机票代售点购买机票，并拿到电子机票的行程单。为确保真实性，张先生通过该航空公司的网站查询，并显示出了他的信息，于是他欣然付款。临行前，张先生再次查询，却意外地发现页面仅显示为"客票有效，未使用"，之前的详细信息竟然全无。正当张先生大感不妙时，客票信息便从"系统处理，客票禁止使用"，最终变为"已退票"状态。

## 三、电子客票的售票流程

订座部门销售电子客票的流程与传统的纸质客票销售流程相似，主要包括以下五个步骤。

（1）检查旅客身份证件。接受旅客填写的购票单，检查核实旅客的有效身份证件和填写的购票单，内容一致方可进行订座。

如果旅客是手机App购票或是通过网络购票，就不需要这个步骤，但旅客需要填入身份证号码、航程、航班、日期、舱位等级等购票单上需要的相关信息。

（2）接受订座。按照旅客购票单上要求的航程、航班、日期、舱位等级，建立完整的旅客订座记录（PNR），对重要旅客、特殊旅客须注明情况。将PNR的记录编号和相应内容填入购票单。

（3）对已经订妥座位前来购票的旅客，应先查看旅客的PNR，核实无误，在订妥座位的前提下方可售票。

（4）旅客购买联程、回程客票，应先查看相应航程航班有无座位，以及航班间的衔接时间是否充足，核实无误，订妥座位后方可售票。

（5）收取票款和出票。收款后按照PNR记录的信息出票，出票后将客票号码填入旅客购票单"客票号码"栏内，并输入PNR。收款方式有网银、信用卡、现金等。

## 四、电子客票的使用流程

旅客购买电子客票可通过知名的机票代理机构网站预订，也可在各航空公司的网站订购，还可通过拨打代理机构或航空公司的订座电话订购，通过手机App订购，以及直接通过机票代理机构进行现场人工购票。下面就旅客通过网络购票说明电子客票使用流程，其他方式购票流程与网络购票相似。

（1）购票时旅客可在知名的机票代理机构网站预订。直接登录机票预订页面，选择好出发地点、目的地、出发时间等，搜寻出相应的航班，旅客可以在不同的航班之间比较价格、时间、机型等，再选择最合适的航班，然后点击预订。

（2）如果还未登录网站，系统将提示旅客登录或注册成会员，有的网站也可不用注册成会员，让旅客直接输入手机号等即可预订。

（3）登录后，将开始填写机票预订内容，旅客请务必将信息填写准确，联系人信息只用于客服和旅客联系时使用。

（4）确认订单之后，将提示旅客在线支付这笔订单，支付步骤在银行网站完成。

（5）旅客完成支付后，航司及客票销售代理人将在系统中为旅客完成出票，出票后发送票号等行程信息至旅客指定的手机或邮箱。

（6）乘客购买电子客票后，只需凭本人有效身份证件即可办理登机手续、领取登机牌，然后持有效证件和登机牌通过安检，凭登机牌或乘机人有效身份证件即可登机。如遇升舱等情况，旅客可在机场航空公司柜台按其要求办理。

（7）旅客的机票如需报销，可以在航班起飞前或起飞后7天之内在机票销售地或机场电子客票服务柜台打印行程单作为报销凭证。如果该机票未使用，则在一年有效期内都可以打印行程单。

## 五、航空运输电子客票行程单的辨读

航空运输电子客票行程单包括以下具体信息。

（1）旅客姓名栏：按照旅客有效身份证件的信息打印旅客的全名。外国旅客姓名先写姓氏，其后画一斜线，再打印名字和称谓。需要表明特殊用途的代号时，将代号打印在姓名后。

（2）有效身份证件号码：根据旅客旅行所要求的有效身份证件打印证件号码。如果是国内旅行，年龄不足16周岁的旅客，还没有申请办理居民身份证的，此栏打印出生年月日。

（3）自……至……：旅客的航程。在"自……"栏内打印始发城市名称，在"至……"栏内打印每一连续的转机点或目的地机场。

（4）承运人：各航段上已经申请座位或订妥座位的承运人两字代号。

（5）航班号：打印各航段已经申请座位或订妥座位的航班号。

（6）座位等级：打印各航段已经申请座位或订妥座位的舱位等级代号。

（7）日期：打印各航段已经申请座位或订妥座位的乘机日期和月份，阿拉伯数字表示日期后跟英文月份三字代码，如01MAR。

（8）时间：打印各航段已经申请座位或订妥座位的航班离站时间。时间用24小时制表示。

（9）客票级别/客票类别：根据所购买客票的具体情况，打印客票的级别，一般包括服务等级、旅客类别、折扣率、有效期等方面的内容。

（10）客票有效日期和有效截止日期：打印客票的有效期。对于有效期为一年的普通客票，可以不填。

（11）免费行李额：根据旅客所持客票的服务等级打印规定的免费行李额。

（12）票价：打印全航程的票价总额，CNY表示人民币。

（13）机场建设费：按照规定，从中国境内机场乘机旅行的旅客，均需要缴纳机场建设费。机场建设费征收代号为"CN"。

（14）燃油附加费：以航段为单位定额计收，税款代号为"YQ"，根据油价变动而有所调整。

（15）其他费用：目前在国内运输中，除了机场建设费和燃油附加费以外，没有征收其他的费用，所以基本空白。

（16）合计：将"票价"栏的金额加上"机场建设费"栏和"燃油附加费"栏的金额计得的总金额填入。

（17）签注：打印使用整本客票或某一乘机联需要特别注意的事项。

（18）电子客票号码：客票号码由航空公司结算代号和客票的序列号组成，一般而言，承运第一航段航班的航空公司为客票归属航空公司。

（19）验证码：为了验证行程单的真假而设定的一个代码。

（20）连续客票：如果全航使用两本或两本以上客票，在每一本的这一栏内打印全部客票的客票号。

（21）保险费：打印旅客在票价以外支付的保险费用。不包括机票本身所包含的强制保险部分。

（22）销售单位代号：打印销售单位的代号、终端office号及工作号。

（23）填开单位：打印销售单位的名称。

（24）填开日期：打印出票日期。

## 思考与练习

### 一、基础训练

1. 小学生、中学生和大学生乘机分别使用什么证件？

2. 如果身份证丢失，怎样才能办理乘机手续？

3. 电子客票有何优势？

### 二、案例分析

1. 邓女士准备搭乘航班从广州到重庆，但她万万没想到，进行安检时却被白云机场安检员认为其是"冒用他人证件登机"。邓女士非常肯定地告诉安检人员，证件确实是她自己的，证件上的照片也是她本人。虽经检查，安检人员证实邓女士所持身份证件并非假证，但安检员仍然坚持认为照片上的人与邓女士不可能是同一个人。为不影响其他旅客安检，安检人员特意把邓女士带到服务台进行询问。此时，邓女士才急着解释说，前不久她刚整过容，对自己的眼睛和下颚进行了"改造"。为了证明自己说的是实话，邓女士把身上所有的证件都掏出来给安检人员检查，其中包括工作证、驾驶证、港澳通行证、户口本等，证件上的所有资料都一致，碰巧驾驶证上的照片是整容之后拍摄的。经过仔细比对、查证，安检人员最终证实了邓女士所持证件确实属于她本人，所以允许其登机。此时，邓女士为了安检已经花费了20多分钟，最后才急急忙忙地跑去登机。

讨论本案例中邓女士为什么会有此坎坷遭遇？整容后需要乘机应注意些什么？

2. 黄先生的朋友要从西安回深圳，让他帮着购买机票。黄先生表示，他曾经在街头收到过别人发放的订机票卡片，便拨打了上面的电话，预订了一张5月17日的机票。没过多久，一个小伙就将打印的电子客票行程单送了过来，黄先生没多想就给对方支付了1200元的费用。

可是，5月17日，他和朋友赶到机场时，却被机场告知没有出票记录，无法登机。当晚黄先生接到民航陕西机场公安局售票处派出所的电话，说是警方刚破获一起假机票案件，他所购买的机票正是从该案一名男子手中购买的。

　　讨论本案例中黄先生的受骗过程，你认为行骗者在哪些环节使用了骗术？

# 任务三
# 客票变更、签转

1. 了解客票变更的含义和相关规定。
2. 了解客票签转的含义和相关规定。

## 一、客票变更

旅客购票后，如要求改变航班、日期或舱位等级，称为客票变更。

### （一）变更的种类

客票变更分为自愿变更和非自愿变更两种。

旅客购票后，由于旅客本人原因需要改变航程、航班、乘机日期、离站时间或舱位等级，称为自愿变更。

由于航班取消、提前、延误、航程改变或承运人未能向旅客提供已订妥的座位（包括舱位等级），或未能在旅客的中途分程地点或目的地点停留，或造成旅客已订妥座位的航班衔接错失，旅客要求变更客票，均属于非自愿变更。

### （二）客票变更的一般规定

（1）旅客购票后，如要求改变航班、乘机日期，必须在原指定航班离站时间前提出，承运人可按有关规定给予办理。

（2）旅客购票后，如要求改变舱位等级，可在航班有可利用座位和时间允许的条件下予以积极办理。根据更改舱位后的票价填开新客票，票款的差额多退少补。

（3）对特种票价的客票，如旅客要求改变航班、日期，应符合该特种票价所规定的条件。

（4）革命伤残军人优惠客票不得办理自愿变更。

（5）自愿变更需重新计算票价，票价差额按对应航段的票面价格计算。如有票价差额，任何时候均须补收。

（6）客票变更时，如先取消座位变为OPEN客票，之后再重新订妥座位的，也需重新计算票价。如有票价差额需补收，同时收取变更手续费。

### （三）客票变更的处理及收费规定

1. 自愿变更舱位等级

（1）降低舱位（包括同一服务等级中子舱位从高舱位改低舱位及不同服务等级中降低舱位等级），按自愿退票办理，重新购票。

（2）提高舱位（包括同一服务等级中子舱位从低舱位改高舱位及不同服务等级中提高舱位等级），同时收取变更手续费和舱位票价差额。若提高舱位时新票价低于原票价，按自愿退票办理。

（3）相同子舱位变更（如C改C等），需重新计算票价，如有票价差额需补收，同时收取变更手续费。如新票价低于原票价，差额不退，只收取变更手续费，或按自愿退票处理。

2. 非自愿变更舱位等级

为旅客安排有可利用座位的承运人后续航班，费用的差额多退少不补。

3. 自愿变更航班、乘机日期

旅客购票后，如要求改变航班、乘机日期，承运人应根据实际情况积极办理。

4. 非自愿变更航班、乘机日期

征得旅客及有关承运人的同意后，办理签转手续，为旅客安排有可利用座位的承运人或其他承运人后续航班。

## 二、客票签转

旅客购票后，如要求改变原指定承运人，称为客票签转。签转也分自愿签转和非自愿签转两类。

### （一）自愿签转的一般规定

头等舱（F）、公务舱（J）、超级经济舱（G）和经济舱（Y）普通票价，使用 F/J/G/Y 舱的政府采购票价，允许自愿变更承运人；如变更后承运人适用票价高于国航票价，需补齐票价差额后进行变更，同时收取变更手续费；如变更后承运人适用票价低于国航票价，可按自愿退票办理。如按照自愿变更办理，差额不退，同时收取变更手续费。

使用除上述票价以外的客票，不允许自愿变更承运人；如旅客申请自愿变更承运人，可按自愿退票办理。

（1）旅客自愿要求变更承运人须同时满足以下四个条件方能办理：旅客使用的票价无签转限制；旅客未在航班规定离站时间前72小时内改变过航班、日期；旅客应在航班规定离站时间24小时（含）以前提出；新承运人与原承运人有票证结算关系且新承运人的航班有可利用座位。

（2）凡不符合以上条件的旅客要求改变承运人的，一律按自愿退票的规定办理。

（3）除另有规定外，特殊票价客票一般不予签转。

（4）承运人有权办理签转手续的部门为承运人办理国内业务的售票部门和运输业务部门。

### （二）非自愿签转的规定

（1）旅客非自愿签转，承运人应征得旅客及新承运人的同意后，方可签转。

（2）征得旅客及有关承运人的同意后，办理签转手续，票款的差额多退少不补。

（3）若无其他直达航班，可变更原客票列明的航程，安排原承运人或其他承运人的航班将旅客运达目的地点或中途分程地点，票款、逾重行李和其他服务费用的差额多退少不补。

**思考与练习**

1. 签转与变更有何区别？

2. 哪些情况下的变更属于非自愿变更？

# 任务四
# 客票退票

案例引入

事发缘起：逾万元机票擅自被退

某航空服务公司系某手机App的经营者，在网页"机票服务保障"处作出"放心出行保障有我"的保障承诺，规定卖家未按照航司标准进行退改签的单笔订单赔付最高不超过5000元。

2019年11月，吴某华在该手机App上向某商旅公司购买了两张机票，并支付机票费用10526元。其后，吴某华与某商旅公司联系改签事宜并支付改签费用3900元，某商旅公司向机票代理商支付改签费2300元，并从中获益1600元。

同年12月，某商旅公司擅自将上述两张机票作退票、退款处理，认为系同行踩单，每张机票只退回1元。

法院判决：某商旅公司构成欺诈，返还机票款并支付三倍赔偿款。

深圳市龙华区人民法院一审认为，"放心出行保障有我"保障承诺中的"标准退改签"条款规定卖家在未按航空公司标准进行退改签的情况下，应向买家退还多收的费用并承担最高不超过5000元的违约金，明显限制了买家依法获得超过5000元违约金的合法权利，属于限制消费者权利的不合理内容，应属无效。

某商旅公司故意隐瞒机票免费改签等政策规定，诱导吴某华支付机票改签费用从中获利，并且擅自将吴某华所预订的机票作退票、退款处理，应认定系欺诈行为，吴某华主张某商旅公司返还机票款并支付三倍赔偿款合法有据。故判决确认涉案"放心出行保障有我"格式赔偿条款无效；某商旅公司退还机票款及三倍赔偿合计57704元。

深圳市中级人民法院二审组织双方达成调解协议，某商旅公司同意履行上述赔付义务。

法院指出，近年来，随着众多手机App的开发和应用，通过手机App进行消费日渐成为大众喜爱的消费方式，但手机App的运营主体制定众多对自身有利或对消费者不利的消费规则，逐渐成为消费者投诉的多发区域。

本案依法界定限制消费者索赔金额的格式条款无效，对于规范手机App正当运营、维护网络消费者合法权益、促进新业态经济健康发展具有积极意义。

吴某华在值机时被告知无机票预订信息。吴某华诉至法院，请求确认"放心出行保障有我"格式赔偿条款无效，某航空服务公司、某商旅公司共同承担退还机票款及三倍赔偿责任合计57704元。

**拓展阅读**

关于打折机票或特价机票的退票，各大航空公司执行规定不同，中国民航局对此规定是"有关退票费的规定由航空公司自主制定"。

航空公司对此解释，乘坐同一架飞机、相同的座位，8折票的乘客旁边就可能是一位手持4折票的人，必须为手持8折票的乘客提供更多的服务才行。所以会增加低折扣机票乘客的退票费，并降低购买高折扣机票乘客的退票费。

随着航空旅行的逐渐普及，选择乘坐飞机的旅客越来越多，一旦旅客购买了机票，由于种种原因不能完成旅行，就面临着退票、变更等问题。旅客对退票与变更的规定了解不多，就造成涉及这方面的投诉也越来越多。那么，退票与变更有哪些具体规定呢？

**民航新规速递**

中国《公共航空运输旅客服务管理规定》（简称《规定》）正式颁布，于2021年9月1日正式实施。在民航局召开的2021年3月例行新闻发布会上，民航局运输司主要负责人对《规定》进行详细解读。

根据民航局运输司相关负责人介绍，与原有规章相比较，新《规定》主要有以下四个方面的变化：一是扩大其适用范围，统一国内、国际运输服务管理；二是深化简政放权，充分将市场活力释放；三是坚持民航真情服务，更加突出消费者权益保护；四是切实加强并落实监管，确保新规章严格执行。

另在关于票务服务方面，为解决民航退票速度过慢的问题，要求航空公司和航空销售代理人在7个工作日内办理完成退票退款手续；在乘机服务方面，《规定》要求航空公司和机场管理机构制定关于针对旅客突发疾病及意外伤害等情形的应急处置预案；在投诉处理的方面，《规定》明确所有被投诉企业必须在10个工作日内处理完毕。

## 一、退票的定义及规定

### （一）退票的定义

旅客购票后，由于旅客原因或承运人原因，不能在客票有效期内完成部分或全部航程，而要求退还部分或全部未使用航段的票款，称之为退票。

（二）退票的分类

退票分为自愿退票与非自愿退票两类。由于旅客原因，未能按照运输合同完成航空运输，在客票有效期内要求退票的，称为自愿退票。由于下列原因引起的旅客退票，称为非自愿退票，包括：承运人取消航班；承运人未按班期时刻表飞行；班机未在旅客所持客票上列明的目的地或分程地点降停；航班衔接错失；承运人要求旅客中途下机或拒绝旅客乘机（因旅客证件不符合规定或违反有关国家政府或承运人要求、规定者除外）。

（三）退票的一般规定

退票的一般规定包括以下具体内容。

（1）旅客应在客票有效期内提出退票申请，过期不予办理。

（2）旅客要求退票，应当填写承运人规定的退款单。除遗失客票的情况外，旅客必须提供本人有效身份证件并凭客票未使用的全部乘机联、旅客联和付款凭据办理退票。

（3）自愿退票只限在原购票售票处或原购票销售代理人处办理退票。非自愿退票原则上在原购票售票处或原购票销售代理人处办理退票，特殊情况可在航班始发地、终止旅行地的出票承运人处办理退票。

（4）票款只限退给客票上填明的旅客。如票款不是由旅客本人支付，应按付款人的要求办理。

（5）退款在任何情况下不得超过旅客原付票款。

（6）如果退票受票价使用的限制或规定不得退票，并在客票的乘机联中注明"不得退票"的乘机联，不予办理退票。

（7）如果旅客购妥联程或回程的一本客票，要求退某一航段而保留其他航段时，全航程作退票处理，另购新票。

（四）退票的时间和地点

1. 退票的时间

旅客要求退票，应在其客票有效期内向承运人提出，否则承运人有权拒绝办理。

2. 退票地点

（1）旅客自愿退票，应在下列地点办理。在出票地要求退票，只限在原购票的售票处办理。在出票地以外的航班始发地或终止旅行地要求退票，可在当地的承运人售票处办理；如当地无承运人售票处，可在经承运人特别授权的当地承运人销售代理人售票处办理。受理退票的售票处必须获得旅客原购票的售票处和承运人财务部门的书面授权后方可办理。

（2）持不定期客票的旅客要求退票，只限在原购票的售票处办理。

（3）旅客非自愿退票，可在原购票地、航班始发地、经停地、终止旅行地的承运人售票处或引起非自愿退票事件发生地的承运人地面服务代理人售票处办理。

## 二、退票费的收取

（一）非自愿退票

（1）退票均不收取退票费。

（2）客票全部未使用，退还全部原付票款。

（3）客票已部分使用，退还未使用航段的票款。

例：旅客购买上海至西安机票，航班在郑州经停，由于飞机机械故障取消飞行，旅客要求退票，应退还郑州至西安票款，不收取退票费。上海至西安票价为1000元，上海至郑州票价为600元，郑州至西安票价为500元，应退还旅客500元。

（4）班机如在非规定的航站降落，旅客要求退票，原则上退降落至旅客的到达站的票款，但退款金额以不超过原付票款为限。

例：旅客购买上海至广州机票，航班因天气原因降落在南京后，旅客要求退票，按规定退南京至广州的票款。由于南京至广州票价高于上海至广州票价，因此只能退上海至广州原付票款。

①由于承运人原因，旅客要求退票，在航班始发地应退还全部票款；在航班经停地应退还未使用航段的全部票款，但不得超过原付票款金额，均不收取退票费。

②班机如在非规定的航站降落，并且取消当日飞行，旅客要求退票，应退还由降落站至到达站的全部票款，但不得超过原付票款金额，均不收取退票费。

③旅客因病要求退票，须提供县级（含）以上医疗单位出具的医生诊断证明，在航班始发地提出，退还全部票款；在航班经停地提出，退还未使用航段的全部票款，均不收取退票费。

患病旅客的陪伴人员要求退票，应与患病旅客按同等规则同时办理退票手续。

在航班经停地退还未使用航段全部票款，是指退还旅客从航班经停地到目的地的全部票款，而不是扣除从始发地到经停地的票款后退还余额。

例1：旅客乘坐南方航空的CZ6436航班从成都到大连旅行，航班在济南经停。成都到大连经济舱票价为1810元，成都到济南票价为1360元，济南到大连票价为910元。如果该旅客在济南发生非自愿退票事件，应该退还旅客从济南到大连的票款910元，而不是只退还1810 - 1360 = 450元。

例2：旅客A购买成都到哈尔滨的机票，全程票价2280元，航班经停西安，其中成都到西安票价630元，西安到哈尔滨票价1680元，在北京飞往西安的途中，由于天气原因备降银川，且计划飞往哈尔滨的起飞时间为第二天12点，旅客在银川要求退票，银川到哈尔滨票价1840元。此处符合非自愿退票条件第二条，应向旅客退还降落站银川至哈尔滨的全部票款，金额为1840元。

（二）自愿退票

因旅客购票后放弃旅行，会给航空公司带来座位虚耗的风险，民航局规定航空公司可以对自愿退票旅客收取相应的退票费。自愿退票根据提出退票的时间不同，收取不同的退票费。机场建设费和燃油附加费全额退还。

1. 客票未经使用

（1）客票全部没有使用，应从全部票款中减去按规定收取的费用，将余额退还旅客。

（2）客票已部分使用，应从全部票款中扣除已使用航段票价和按规定收取的手续费，将余额退还旅客。

（3）已使用部分的票价与全程票价相同时，剩余的乘机联不能退款。

2. 客票已使用一部分

（1）旅客在航班的经停地自愿终止旅行，该航班未使用航段的票款不退。

（2）旅客持联程、中途分程或来回程票，在去程航班经停地自愿终止旅行时，客票失效部分只算到联程、分程或去程站，续程或回程部分仍属有效。

（3）旅客在联程站、分程站停止旅行，要求退续程或回程航段客票，按自愿退票的规定收取各航段的退票费。

3. 儿童、婴儿的退票

（1）持儿童客票的旅客要求退票，按各航空公司规定执行。

（2）持婴儿客票的旅客要求退票，免收退票费。

4. 革命伤残军人（警察、消防人员）的退票

革命伤残军人（警察、消防人员）要求退票，免收退票费。

例：旅客购买了联程航班，信息如下：

| 自/至　北京 | 承运人 | 航班号 | 等级 | 日期 | 时间 | 订座情况 |
|---|---|---|---|---|---|---|
| 西安 | CA | 1209 | Y | 05JUN | 1015 | OK |
| 上海 | HO | 1218 | Y | 07JUN | 1110 | OK |

全程票价2310元，其中，北京到西安1050元，西安到上海1260元。

旅客在6月4日16:00自愿退票，计算应当收取的退票费。

解：北京到西安：1050×10%＝105（元）。

西安到上海：1260×5%＝63（元）。

共计收取退票费：105＋63＝168（元）。

拓展阅读

特价机票是指旅客购买的是航空公司特殊优惠票价的客票，一般不允许签转，还有很多其他限制条件，有效期各异，价格较便宜。

特价机票一般是航空公司在航空运输淡季、早班航班、晚班航班等上座率不高的情况下，为有效提高上座率而推出的促销手段，票价对旅客有一定的吸引力，如有2折左右的机票，甚至出现过1元机票、9元机票、99元机票等。特价机票由于价格低，往往附加有一定的限制条件，如有效期较短（从45天到6个月不等）、不允许签转到其他航空公司、不允许变更或变更要另行交费、不允许退票或是退票要承受很大的经济损失等。同时，特价票是不包括机场建设费和燃油附加费的。

一直以来，国内航空公司对于4折以下的特价机票都规定不能自愿退票。而购买了4折以下特价的旅客若因自身原因需要取消行程退票的话，大多只能损失自负。特价机票通常无法退票和改签，各航空公司都有类似的规定，此规定得到了中国民用航空局的批准。

一旦由于非旅客原因造成旅客不能按机票列明的航程和时间完成旅行，造成了非自愿退票、非自愿变更或签转时，特价机票的所有限制条件自动失效。

**拓展阅读**

## ▶票价等级是如何划分的

　　航空公司票价一般分为头等舱、公务舱和经济舱三种等级。每种等级又按照正常票价和多种不同特殊优惠票价划分为不同的舱位代号。头等舱代号一般为F、A。公务舱代号一般为C、D等。经济舱的代号，如有的航线经济舱划分为Y、M、L、K、T五种代号，代表不同的票价，分别拥有不同的座位数量，世界上各个航空公司一般均自行定义使用哪些字母作为舱位代号，在舱位代号上无统一的规定。旅客只要预订上了规定的舱位，就可使用规定的价格。

### 思考与练习

#### 一、基础训练

1. 旅客自愿退票有什么时间规定？
2. 不同的时间退票费的标准是如何规定的？

#### 二、计算题

旅客购买了联程航班，信息如下：

| 自/至　成都 | 承运人 | 航班号 | 等级 | 日期 | 时间 | 订座情况 |
| --- | --- | --- | --- | --- | --- | --- |
| 北京 | 3U | 8883 | Y | 03JUN | 0930 | OK |
| 广州 | CZ | 3112 | Y | 11JUN | 1130 | OK |

　　旅客于6月2日18时提出将成都到北京的3U8883变更到6月8日的3U8883，后又于6月5日13时提出退票，请计算应收的退票费是多少。

#### 三、案例分析

　　温州的林女士通过市区新城一家航空票务代理公司订购了两张7月18日前往英国的机票。由于其中一人签证未能及时办出，7月16日晚向该票务公司提出退掉一张机票。该票务公司告诉林女士，当天已经太迟了，而周末英航那边要放假，下周一才能办理，退款过来还需几日，林女士同意。

　　事后，该票务公司以林女士退票时间在飞机起飞前24小时内为由，只退还1000元。林女士认为自己都还没坐上飞机就白白损失了7000多元，这是什么规定啊？于是，林女士向该票务公司提出异议。该票务公司表示，可以以林女士因健康原因不能乘机为由提出申请。林女士接受建议，又拿回了1000元退票款。

　　而后，林女士感觉退票的事还不靠谱，便拨打英航公司上海办事处客服电话进行了解，对方表示只收取了1200元手续费，余款纠纷只能由林女士与票务公司协商解决。

　　明明退回来7000多元，怎么无缘无故只到手了2000元？带着疑问，林女士与该票务公司进行了多番交涉均未果，遂寻求工商部门帮忙解决。通过温州市工商局鹿城分局南浦工商所调解，林女士拿回了退票的余款。

　　讨论本例中票务公司在哪些方面进行了违规操作。

# 任务五
# 团体旅客客票销售

1. 理解团体旅客的定义。
2. 了解团体旅客订座及购票的一般规定。
3. 掌握团体旅客退票的规定及退票费的计算方法。

　　王先生和某旅行社签订了赴青岛的旅游合同。出团前一天，王先生突然提出有其他事情，希望旅行社取消旅游行程，全额退还缴纳的旅游团款。旅行社表示，机票已经购买了，如果王先生临时取消行程必须承担机票损失，并承担相应的违约责任。经测算，王先生将损失80%的旅游团款。

　　由于旅行社购买的机票为团体机票，能获得较为优惠的折扣，因此很多旅游线路的跟团价格往往比自由行的路费便宜。但团体机票不得退票，也不得转签，若旅行社购买了团体机票而旅游者又临时取消行程，机票损失不可避免地产生。本例中违约责任因旅行社与王先生双方事先在合同中已经约定，旅行社可以向王先生收取实际损失的费用和违约金。

## 一、团体旅客定义

　　团体旅客指同一组织的人数在10人以上（含10人）或航空公司具体产品附有最低成团人数规定的，航程、乘机日期、航班和舱位等级相同，并按同一类团体票价支付票款的旅客。

## 二、团体旅客订座

　　（1）团体旅客应按照承运人规定在航班规定起飞日前提出订座，订座时应提供团体名称、航班号、日期、舱位等级。

　　（2）当承运人尚未证实团体旅客所需要的航班座位时，订座部门或销售代理人不得在后续的订座中分散地索要所需座位。

### 三、团体旅客购票

（1）团体旅客中的每位旅客均应单独出票。

（2）团体客票除应按一般客票填写规定以外，还应在签注栏填写团体人数、团号和票价类别，票价级别栏填写出票代号。

（3）团体旅客已经订妥的座位，应在规定或预先约定的时限内购买客票，否则所订座位不予保留。

### 四、团体旅客客票变更

（1）团体旅客购票后，如自愿要求改变舱位等级，经承运人同意后方可办理，票款差额多退少补。

（2）团体旅客自愿要求变更航班、日期，应按自愿退票办理。

（3）团体游客中部分旅客自愿变更，造成继续旅行的旅客不足10人，则已不具备团体旅客应享有的优惠条件，继续旅行的旅客应补付普通票价和原付团体票价之间的差价。

（4）因旅客原因需要更改团体旅客姓名的，在航空公司售票处出票的由航空公司更改；在有权销售团体机票的销售代理点购买的，则必须由销售代理点向航空公司提出书面申请并由航空公司更改。

### 五、团体旅客客票退票

团体旅客对航空公司的座位利用率、座位虚耗等影响较大。因此，航空公司对团体旅客的票价有特别的优惠，对团体旅客的退票也有特殊的限制。

（一）退票地点

（1）团体旅客自愿退票只限在原购票的售票处办理。

（2）团体旅客非自愿退票，可在原购票地、航班始发地、经停地、终止旅行地的承运人售票处或引起非自愿退票事件发生地的承运人地面服务代理人售票处办理。

（二）团体旅客自愿退票

团体旅客购票后自愿要求退票的，按下列规定收取退票费（机场建设费和燃油附加费全额退还）。

（1）在航班规定离站时间72小时（含）以前，收取客票价10%的退票费。

（2）在航班规定离站时间前72小时以内至航班规定离站时间前一日中午12点（含）以前，收取客票价30%的退票费。

（3）在航班规定离站时间前一日中午12点以后至航班规定离站时间以前，收取客票价50%的退票费。

（4）在航班规定离站时间以后，客票作废，票款不退。

持联程、来回程客票的团体旅客要求退票，应按以上规定分别收取各航段的退票费。

（三）团体部分成员自愿退票

团体旅客中部分成员自愿要求退票，除票价附有限制条件者外，如乘机的旅客人数不少于该票价规定的最低团体人数时，按团体旅客自愿退票规定办理；如乘机的旅客人数少于该票价规定的最低团体人数时，分别按下列规定办理。

（1）如客票全部未使用，应将团体旅客原实付票价总金额扣除乘机旅客按正常票价计算的票款总金额后，再扣除规定的退票费，差额多退少不补。

（2）如客票部分未使用，应将团体旅客实付票价总金额扣除该团体已使用航段的票款后，再扣除乘机旅客按正常票价计算的未使用航段票价总金额及规定的退票费，差额多退少不补。

例1：某旅行社与航空公司达成协议，组团人数在30人以上时，享受7折机票，30人以下的团队只能享受9折机票。现该旅行社组织了一支31人的旅行团，从甲地到乙地双飞五日游（甲、乙两地之间的票价为1000元）。临近返程时，团队中两名成员因故不回甲地，提出退票。应怎样退费？（不考虑机场建设费、燃油附加费）

解：旅行团应付总款 = 1000 × 70% × 31 × 2 = 43400（元）

来程应付款 = 1000 × 70% × 31 = 21700（元）

回程退票2人，团队只有29人，不能享受7折机票，只能按9折付款，故回程应付款 = 1000 × 90% × 29 = 26100（元）

来回程应付总款 = 21700 + 26100 = 47800（元）

实际付款低于应付款，不予退费。

例2：上例中如果10人提出退票，应如何退费？（不考虑机场建设费、燃油附加费）

解：所付总款和来程应付款不变，回程也只能享受9折机票。

回程应付款 = 1000 × 90% × 21 = 18900（元）

来回程应付总款 = 21700 + 18900 = 40600（元）

实际付款高于应付款，高出43400 - 40600 = 2800（元）

团队旅客在航班离站前一天提出退票，应收30%的退票费，退还70%的票款。

实际应退款 = 2800 × 70% = 1960（元）

通过上面两个例子可以看出，团体旅客中部分成员退票，如果影响到了团队规定的人数，几乎不能退费，只有在退票人数很多时，才有可能退金额很少的款项。

## ▶什么是廉价航空公司

廉价航空公司又称低成本航空公司或低价航空公司，指的是通过取消一些传统航空乘客服务，将营运成本控制得比一般航空公司低，从而可以长期提供大量廉价机票的航空公司。

拓展
阅读

廉价航空，这个概念最早起源于20世纪90年代初美国向欧洲开展航空业务之前，并在其后开始向全世界传播。美国西南航空公司的创建，标志着一个廉价航空模式——低成本航空公司的诞生。就是这个在开创之初受无数人嘲笑的事物，2012年已经席卷美洲、欧洲、大洋洲等航空市场，成为航空业中发展最快的一个领域，此后又出现了一大批成功的低成本航空公司，如马来西亚的亚洲航空、中国的春秋航空等。

廉价航空公司如此迅猛地兴起与发展，导致了航空旅行从豪华、奢侈型向大众、经济型的转变。缘于多方面的原因，经济形势与社会观念的变化是其重要的根源。廉价航空运输成本的降低主要是依靠两个手段：一个是通过提高飞机利用率来降低单位成本；另一个是通过降低维护成本，提高边际效益。①飞行行程路线以中短程为主，而且多为邻近地区。②机队单一化，采购飞机的机种统一化，避免多种机种。就中短途航线来说，通常以空客A320系列或波音737系列客机为主。机队单一化后，购机价格可较低廉，并且后续的保养维修简捷，从而降低了成本。机队单一化还可以减少机师训练时间并降低训练费用，亦方便调度。③减少使用大型机场，改使用城市周边的小型机场，以降低机场使用费。④减少租用机场内较昂贵的设施，如登机桥，而改为安排接送车辆和小型登机梯。⑤空勤及地勤员工的薪水降低，有些改以约聘（契约）方式雇用，以降低人力成本。⑥尽量在高空飞，以降低油耗。⑦机内饮食简化，许多航空公司甚至改成付费制。⑧积极贩售机内商品，以增加运费以外的收入。⑨不提供空中杂志及报纸，以减少成本，并且没有免费交付行李限额。

## 思考与练习

### 一、基础训练

团体旅客自愿退票，在不同时间段应如何收取退票费？

### 二、计算题

团体旅客部分成员自愿退票：某个团的旅客人数为12人，享受8折客票（最低人数要求10人），票款原价为1000元，团中有6名旅客在航班规定离站时间的2天前自愿退票，计算应退还给团体旅客多少票款。

项目四

旅客运送服务

# 任务一
# 值机服务

1. 了解值机业务的步骤。
2. 了解旅客在登机前办理的手续项目，掌握为旅客办理乘机手续的时间规定。
3. 熟知值机工作的流程及工作内容。
4. 掌握安排座位应遵循的一般规则。
5. 了解值机中特殊情况的处理流程。

值机服务是指航空公司的旅客运输服务部门为旅客办理乘机手续的整个服务过程。

办理乘机手续是指旅客到达乘机始发站或中转联程站后，在登机前办理的各种手续，包括查验客票、领取登机牌、交运托运行李、手提行李的安全检查、旅客人身安全检查等一系列与乘坐飞机旅行有关的手续。

旅客乘机手续的办理，对于旅客顺利准确地乘机、安全舒适地到达目的地是非常重要的，此项工作要求运输人员熟悉航班情况，按照旅客的不同要求提供周到细致的服务，并不断提高工作效率，尽量缩短旅客办理乘机手续和候机的时间。承运人应按时开放值机柜台，按规定接收旅客，快速、准确地办理值机手续；承运人规定的停止办理值机手续的时间，应以适当方式告知旅客。

航空运输企业的运输部门在值机柜台为旅客办理乘机手续的主要内容是查验客票、安排座位、收运交运行李及发生旅客运输不正常情况时及时处理。

## 一、办理乘机手续的时间规定

旅客应按承运人的要求，提前一定时间到机场办理乘机手续。提前办理乘机手续的时间有以下规定。

（1）200个座位（含200）以上的客机在离站时间前120分钟开始办理手续。

（2）90个座位（含90）至200个座位的客机在离站时间前90分钟开始办理手续。

（3）90个座位以下的客机在离站时间前60分钟开始办理手续。

在实际工作中，根据机场和航班不同，具体的时间规定略有差异，一般都是在航班离站前30分钟停止办理乘机手续。

值机作为民航的一种工种，就是为旅客办理乘机手续，协助旅客乘机，其工作的内容包括换登机牌、收运旅客的托运行李、安排旅客的座位（见图4-1）。

值机在早期不仅是办理乘机手续，还包括行李统计、配载、登机、放行等一系列工作。一人或多人负责这个航班的从头到尾的工作，也就是这次航班的值机员。后来由于航班量和旅客人数的增加，工作的分工更加细化，现在值机部门主要负责办理乘机手续。

图4-1 值机柜台

## 二、值机工作流程

### （一）值机准备工作

值机前的准备工作具体包括以下内容。

（1）按时到岗，核对航班机型、飞机号、到达站。

（2）准备好空白登机牌（见图4-2）、行李牌、免责行李牌、VIP行李牌、头等舱行李牌、中转行李牌、头等舱旅客休息牌、行李保险单、中转标识，以及"小心轻放""不能倒置"等标贴。

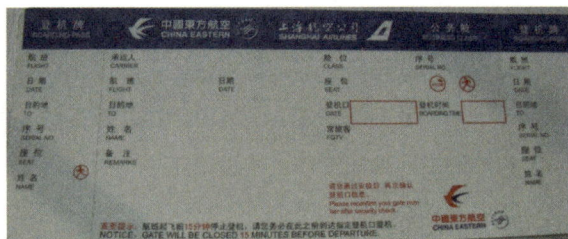

图4-2 空白登机牌

（3）提前5分钟上柜台，清理工作台面，检查电脑、磅秤、行程单打印设备和行李转盘等是否运转正常及登机牌是否准备充足。

（4）登录离港系统；电子商务柜台操作员登录旅客机场服务系统。

### （二）客票查验

对客票的真实性、合法性、有效性进行查验。

（1）客票是否在有效期内。普通客票应在开票之日起1年内开始使用，一经使用，从开始旅行之日起1年内有效。含有特殊票价的客票，有效期按照规定的该特种票价的有效期计算。

（2）旅客姓名检查。旅客姓名和旅客身份证件应与订座记录相符。但应允许某些情况下因采用不同拼音方法拼写名字而造成的不相符；也应允许因姓名写法习惯不同而造成的姓、名颠倒的情况。

（3）航段检查。一些有多个到达站的航班，订座时可能会订错到达站，或者旅客自愿更改到达站，应该确定是否有可利用的座位，再根据规定作出更改。

（4）检查旅客订座记录中座位等级是否与客票所列相符。

（5）票价检查。

（6）订座状态检查。如果显示为OK，但电脑中却显示无座，应设法弄清是由于工作人员疏忽或旅客的座位未被证实。无论哪种情况，持有OK票的旅客应优先候补于持有OPEN票或未购机票的旅客。

（7）是否可签转的检查。

（8）每位成人旅客只能携带一名按正常票价10%付费的不占座婴儿旅客。

### （三）客舱座位安排的一般规则

在查验客票准确无误后，值机人员应给旅客打印登机牌（见图4-3）。目前国内使用的登机牌上印有航班号、日期、旅客姓名、座位号（国际航班还分吸烟区和非吸烟区座位号，国内航班分前舱门和后舱门座位号）、目的地和登机门等。登机牌上还有头等舱（F）、公务舱（C）、经济舱（Y）或其他特殊等级座舱字样及航空公司名称和航徽等标识。

图4-3　打印登机牌

登机牌是旅客对号入座和地面服务人员清点登机旅客人数的依据，是唯一的乘机凭证。在发放登机牌时需要为旅客安排和客票舱位等级相对应的座位，安排座位时一般应遵循以下原则。

（1）航班不满时，要兼顾机舱各区域对飞机平衡的影响，尽量安排旅客平均分布：头等舱内旅客一般由前往后安排，经济舱旅客由后往前安排。

（2）团体旅客、同行旅客、家庭旅客或需要相互照顾的旅客应尽量安排在相邻座位上；不同政治态度或不同宗教信仰的旅客，不要安排在一起。

（3）重要旅客座位应尽量靠前排，或在允许范围内尽量满足其要求；航班经停站有重要旅客时，应事先通知始发站留妥合适的座位，始发站还应通知乘务人员注意不要让其他旅客占用。

（4）符合乘机条件的病残旅客、孕妇、无成人陪伴儿童、盲人等需要特殊照顾的旅客应安排在靠近服务员、方便出入的座位，但不应安排在紧急出口旁边的座位上。

（5）在航班不满的情况下，应将携带不占座婴儿的旅客安排在相邻座位无人占座的座位上；如果旅客在订座时已预订了机上摇篮，应把旅客安排在可安装机上摇篮的座位上。

（6）须拆机上座位的担架旅客必须本着避免影响其他旅客的原则，一般应在客舱尾部，避免其他旅客在进出客舱时引起注意；所拆的座椅位置不能在紧急出口旁边。

（7）犯人旅客应安排在离一般旅客较远、不靠近紧急出口和不靠窗的座位，其押送人员必须安排在犯人旅客旁边的座位上。

（8）紧急出口旁边的座位要尽量安排身体健全、懂中英文、遇到紧急情况愿意帮助别人的旅客。

（9）因超售而非自愿提供高舱位等级的旅客的座位，应与该等级的付费旅客分开；非自愿降低舱位等级的旅客应安排在降低等级后较舒适的座位上。

（10）携带外交信袋的外交信使及押运外币的押运员应安排在便于上下飞机的座位。

**（四）收运托运行李**

如旅客有托运行李，值机人员应在办理值机手续时收运。行李运输伴随旅客运输而产生，与旅客运输有着密不可分的关系。收运行李是行李运输中的首要环节，收运行李（见图4-4）时应注意以下四个方面。

图4-4 收运的行李

（1）了解行李内容是否属于行李的范围。

（2）了解行李内有无夹带违禁品、违法物品或危险品；易碎易损、贵重物品或不能作为托运行李运输的物品。

（3）检查行李的包装、体积、重量是否符合要求。

（4）行李过磅计重，与免费行李限额比较，决定是否收费，并对应该收费的行李收取逾重行李费。

## ▶严格执行起飞前30～45分钟停止办理值机手续规定

拓展阅读

值机人员几乎每天都会在柜台上遇到航班已经停止办理值机手续才匆忙前往柜台的旅客，当值机员告知旅客航班已经停止办理值机手续时，旅客总是会非常不解地问，为什么飞机还有30分钟才起飞，就不能办理值机手续了呢？值机员也总是会不厌其烦地向旅客解释其中缘由。

为了让更多的旅客知晓，不耽误其行程，这个被旅客问了多次的问题，确实应该普及一下。

只有在起飞前30分钟停止办理手续，地面服务人员才有足够的时间做好以下工作。

（1）值机主班人员要查验旅客人数、行李件数及重量，配载人员根据这些数据进行载重平衡计算并画出平衡表及重心位置，还需做好舱单交给机组人员。

（2）全国各大机场的安全检查都是很严格的，所以旅客需要有充足的时间去通过安检。

（3）分拣人员要核对旅客托运的行李，确认无误后装置飞机货舱。

（4）广播通知旅客到指定的登机口登机，服务人员要扫描旅客的登机牌且清点人数。旅客登机完毕后，送飞机人员要再次到舱门口与乘务员核对人数，防止有旅客未上飞机，与乘务员核对一致后才能关舱门。

（5）若有旅客办理值机手续后未按规定的时间登机，送飞机人员还需减去该旅客及其行李，并报分拣人员挑出行李。

除了以上几点，地面服务人员还有另外一些细节的工作需要做。为了不引起航班延误，为了广大旅客平安出行，机场及其旅客都应严格执行起飞前30分钟停止办理值机手续的规定。

民航地面服务人员需要注重每个工作的细节，服务于人民，真情为群众。为每位旅客保驾护航，真正做到服务群众、奉献社会。

拓展阅读

## ►各机场停止办理值机手续时间

| 起飞前45分钟停止办理值机手续的部分机场 | | |
| --- | --- | --- |
| 上海浦东机场 | 上海虹桥机场 | 海口美兰机场 |
| 三亚凤凰机场 | 北京首都机场 | 成都双流机场 |
| 昆明长水机场 | 郑州新郑机场 | 贵阳龙洞堡机场 |
| 重庆江北机场 | 青岛胶东机场 | |
| 起飞前40分钟停止办理值机手续的部分机场 | | |
| 广州白云机场 | 杭州萧山机场 | 深圳宝安机场 |
| 北京大兴机场 | 沈阳桃仙机场 | 哈尔滨太平机场 |
| 长春龙嘉机场 | 云南大理机场 | 大连周水子机场 |
| 武汉天河机场 | 长沙黄花机场 | 桂林两江机场 |
| 南宁吴圩机场 | 济南遥墙机场 | 珠海三灶机场 |
| 太原武宿机场 | 揭阳潮汕机场 | 西安咸阳机场 |
| 常州奔牛机场 | 南京禄口机场 | 乌鲁木齐地窝堡机场 |
| 南昌昌北机场 | 天津滨海机场 | 拉萨贡嘎机场 |
| 无锡硕放机场 | 兰州中川机场 | 银川河东机场 |
| 甘肃敦煌机场 | 西宁曹家堡机场 | 宁波栎社机场 |
| 起飞前35分钟停止办理值机手续的部分机场 | | |
| 石家庄正定机场 | | |
| 起飞前30分钟停止办理值机手续的部分机场 | | |
| 九寨黄龙机场 | 泸州云龙机场 | 南充高坪机场 |
| 厦门高崎机场 | 云南丽江机场 | 云南保山机场 |
| 云南腾冲机场 | 山东济宁机场 | 临沂沐埠岭机场 |
| 湛江吴川机场 | 张家界荷花机场 | 烟台蓬莱机场 |
| 威海机场 | 福州长乐机场 | 福建武夷山机场 |
| 泉州晋江机场 | 包头东河机场 | 合肥新桥机场 |

（五）航班结算报载

航班结算报载的主要内容和步骤如下。

（1）值机人员接收完旅客、关闭航班后，应统计发放登机牌的数量，并与离港系统中的人数、行李件数、行李重量相核对，用对讲机与行李房核对行李件数（如货运部门已经收运团队行李，应将件数和重量通知该航班值机员，值机员应及时将行李件数、重量加入离港计算机中，以便配载员配载及核对）。

（2）正常航班预计起飞前25分钟，最迟应于起飞前20分钟，不正常航班在航班着陆后尽快向结算室报载。

（3）填写《出港航班业务交接单》。

（4）做好送航班的准备工作，带齐对讲机、该航班行李牌和《出港航班业务交接单》到结算室。

（5）将《出港航班业务交接单》交结算控制员签字。

（六）航班放飞工作

航班放飞是航空部门组织飞机进行起飞的重要过程，具体工作内容如下。

（1）了解飞机停机位，核对飞机号，领取该航班舱单、业务袋及随机业务文件，送飞机。

（2）不正常航班在航班飞机到达后、旅客下完前到达飞机上，检查飞机状况是否能上客，如能上客，及时通知上客。

（3）在舱门口检查登机旅客有无携带超大行李，如有，说服旅客将行李交运，在行李上拴挂行李牌后，将行李交行李房人员送入货舱后，将行李票交给旅客。

（4）将舱单交给机长签字，业务袋交给乘务长，并请乘务长在《出港航班业务交接单》上签名。

（5）与结算室和第二检票口核对人数，待旅客到齐后用对讲机通知结算。如有旅客未登机，查找出旅客姓名后，用对讲机通知结算室广播，查看该旅客是否有托运行李，如未到旅客有托运行李，将行李号报给行李房人员将行李找出；若旅客在离港时间前三分钟仍未找到，请示结算室是否将未到旅客及其行李拉下，结算控制员同意后用对讲机通知行李房将该行李拉下，减去未到旅客后与结算室和第二验票口重新核对旅客人数，通知机组减人后的确切人数及托运行李的增减，并在舱单上做相应的修改，人数到齐后通知结算控制员。经结算控制员同意后方可放飞机。

（6）将签过字的舱单和交接单送回结算室。

（七）航班放飞后工作

航班放飞后仍有一些工作需要处理。

（1）值机员送机后，在《值机送机登记表》上登记航班实际离站时间，如航班不正常要备注原因，以便了解情况。

（2）向调度员汇报航班增减旅客和行李情况。

（3）送机后，根据实际登机人数填写统计表。

（4）如航班有未登机旅客，值机员送机后上报值班主任并签字交接。

## 三、值机工作特殊情况处理

值机工作中会遇到一些特殊情况，需要值机人员能根据实际情况灵活处理。

### （一）候补接收

候补接收主要针对那些因航班座位空缺而有机会搭乘航班的旅客。

（1）如果遇到需要接收候补旅客的情况，必须先确认客票在离港系统的票联状态为"open for use"（有效）。

（2）候补接收时，必须输入旅客的真实姓名，不能用"PAX"或其他符号代替。

（3）旅客误机后，自愿改签后续航班，在没有订妥座位的情况下，值机人员不得擅自候补接收。

### （二）旅客晚到的情况

旅客晚到是一个常见的问题。

（1）如果航班关闭，可为晚到旅客改签后续航班。

（2）如旅客提出退票，有条件的机场可直接为旅客取消座位，或让旅客联系销售单位取消座位并申请退票。

（3）如无法执行改签操作，需要特殊处理的情况，要做好记录，并将系统问题的情况向相关部门反映。

### （三）逾重行李的处理

关于逾重行李，具体的处理方式如下。

（1）如旅客行李逾重，请旅客到收款柜台交付逾重行李运费。

（2）行李逾重的旅客凭"行李提取凭证"到收款处交超重费，再回柜台领取登机牌。值机人员在收取逾重行李票的承运人联后，为旅客打印出登机牌。

（3）如果逾重旅客的行李是多人一起合并计算的，值机员须在行李提取凭证上注明人数。

### （四）行李托运特殊情况处理

在民航行李托运中，存在以下一些特殊情况。

（1）如旅客的托运行李重量或体积超过航空公司规定的标准，应请旅客将行李运到航空货运部门作为货物运输。

（2）如旅客行李内有不符合运输规定的物品，应要求旅客将物品取出方可收运。

（3）如旅客托运的行李属于易碎物品、行李有破损、无锁或锁已失效等情况，应请旅客在免除责任行李牌上签名后，将行李牌拴挂在旅客的行李上。

（4）小动物在指定柜台运输。收运小动物时要检查小动物的免疫证明，符合条件才可以收运。

（5）旅客领取登机牌后，如要求补办行李托运，应核查旅客证件及登机牌，并将行李件数、重量输入离港系统。

（6）如果办理的航班机型是EMB145，鉴于该飞机的特殊性，一定要严格限制旅客的手提行李，收运的单件行李不能超过32千克，值机员不允许用SNR指令在离港系统申请座位（EMB145机型航班载量的任何变动，都需要重新制作舱单）。

（五）旅客无法通过安检的情况

如旅客被安检拒绝乘机，应根据回收的登机牌，将该旅客记录从离港系统删除。如该旅客有托运行李，应通知值班主任联系装卸部门将行李卸下飞机。

## 四、值机的种类

### （一）传统柜台值机

在候机楼的值机柜台办理值机手续。目前，传统柜台值机仍旧是国内机场的主流值机方式。

### （二）自助值机

随着电子客票的普及，针对电子客票旅客，许多航空公司在候机楼提供自助值机设备（见图4-5），旅客通过第二代居民身份证、护照、电子客票等输入方式，可自行选择座位，机器直接将登机牌打印给旅客。

对于携带托运行李的旅客，办理行李托运不能在自助值机系统上完成，都需要在人工柜台进行。而且，行李托运目前一般只提供传统人工服务、半自助方式。传统人工服务即到人工柜台办理。半自助方式将行李打标分离出来，大体有以下两种方式。

图4-5 自助值机设备

一种方式是旅客自助换取登机牌之后，再到机场专门的快速行李寄舱处扫描登机牌，打标行李。这种形式一般都会有相应的服务人员，很受旅客欢迎。所以，很多提供了自助值机服务的机场都采用该种方式。

另一种方式是旅客自助换取登机牌之后，再在自助柜台或网上输入要托运的行李件数，将机器打印出来的标签贴到行李上，最后到机场的行李寄舱处直接卸下行李即可。该种方式比较新颖便捷，目前已经有一些国际先进机场在试运营该种方式。

### （三）城市值机

城市值机又称异地候机楼值机，是指民航机场在市区或没有机场的城市开设的异地候机楼办理登机手续，旅客不必一定要到机场办理值机。这是机场航空服务及机场航站楼基本功能向机场周边城市的延伸和拓展，其基本功能包括机场航站楼除登机前安检以外的全部功能。对于没有机场的城市，在当地办理值机手续，异地机场乘坐飞机，大大缩短旅客在机场航站楼内的停留时间，减缓了机场航站楼客流压力。例如，当前东莞城市候机楼能够办理从深圳、广州机场始发航班的值机服务。

### （四）酒店值机

针对商务旅客，航空公司将值机服务迁移到酒店。例如，深航锦江国际酒店可办理酒店值机服务。

### （五）境外联程值机

将值机服务延伸到境外，旅客在境外一次性办好值机手续就可享受轻松便捷的航空旅行。例如，深航旅客在香港能够直接办理深圳的值机服务。

### （六）网上自助值机

网上自助值机是指旅客通过登录航空公司网站进入自助值机页面在线办理值机手续的方式。旅客可以预选座位并将登机牌打印出来。航空公司对网上自助值机的一般规定是：航班起飞前1～12小时登录网站办理；网上不办理行李托运手续，旅客若有行李托运，必须提前到机场的人工柜台办理。

## ►"无纸化"全流程扫码乘机更轻松

【民航资源网】以前坐飞机，需要先去机场值机柜台打印登机牌。南京禄口机场全流程"无纸化"值机服务正式开通，旅客只需指尖轻触手机屏幕，轻松购票，成功值机，扫码过安检，顺利登机。从南京禄口机场出发的旅客如没有托运行李，可以通过航空公司网站（手机App）、南京禄口国际机场微信公众号、航旅纵横等App平台，办理值机并获取电子二维码（电子登机牌识别码），到达机场后，无须排队值机，直接凭借手机中留存的有效电子登机牌凭证和身份证全程"扫码"通过安检、登机。

南京禄口国际机场问询电话24小时为旅客提供服务。旅客关注南京禄口国际机场微信公众号，不仅可以定期收到机场服务相关动态的推送，还可以实时查询航班动态、行李转盘、乘机指南、机场交通、餐饮购物、物流信息、酒店等信息。只要点击"手机值机"，即可在线办理选座、值机。

## ►自助值机

许多航空公司开办了自助值机业务。自助值机是区别于传统机场柜台值机的一种全新办理乘机手续的方式。使用自助值机的旅客无须在机场值机柜台排队等候服务人员打印登机牌、分配座位，取而代之的是旅客可以通过特定的值机凭证在自助值机系统获全部乘机信息，并根据屏幕提示操作选择座位、确认信息并最终获得登机牌。整个过程完全由旅客自行操作，是一种全新的自助值机方式。旅客选择自助值机，可以通过电话、网站、手机、机场自助值机设备办理值机业务。

其中机场自助值机是指旅客在机场借助专门的值机机器CUSS，自行完成旅行证件验证、选择座位、打印登机牌。如果需要交运行李，则在专设柜台完成行李交运的值机工作方式。

　　网上值机是购买了电子客票且未办理过变更手续和有确定航班的成人旅客，可以不用亲自到机场值机柜台，就可在航班预计起飞时间前自行上网确认航班，选择座位，网上打印登机牌，完成办理登机牌手续。旅客在家里、办公室甚至网吧登录航空公司的网站进行在线预选座位、办理值机手续，然后再通过一张普通的A4纸在线打印出"网上值机登机牌"。在线打印的"登机牌"与传统登机牌基本相同，包括旅客姓名、航班号、到达站、日期、登机时间、ET标识、登机口的具体位置、办理序号、订座舱位和登机牌条形码等信息，使用上与传统登机牌也完全一致。旅客使用自助值机系统，可以很方便地根据个人的喜好选择靠窗或者靠走道的座位。

　　一方面，由于旅客已经办理好"网上值机登机牌"，省去排队等候值机的时间，因此这些旅客只要提前30分钟到达登机口即可；即使需要办理行李托运的旅客，也只需要提前45分钟到达值机柜台办理行李托运手续即可，这相较于传统的旅客办理乘机手续的时限大大放松。另一方面，网上值机打破了传统航空旅客被动式服务的形式，旅客在轻松愉快的环境下自己上网办理手续，将给旅客带来一种自在自我的方便感觉。网上值机也不需要机场准备大量值机柜台和CUSS机，只要准备少数的行李收运柜台，大大缩小了值机区域。

　　手机值机是指旅客使用手机上网登录航空公司离港系统的自助值机界面，自行操作完成身份证件验证、选择并确定座位，航空公司以短信形式发送二维条码电子登机牌到旅客手机上，旅客到达机场后在专设柜台完成行李交运、打印登机牌或直接扫描二维码，完成安检登机。

**思考与练习**

1. 旅客在登机前办理的手续有哪些？
2. 旅客办理值机手续时有哪些时间规定？
3. 在安排座位时，哪些乘客不宜安排在紧急出口旁？
4. 传统的柜台值机与新兴的网上值机、自助值机各有哪些优势和不足？
5. 现代值机工作的一般流程是什么？
6. 遇到一些特殊情况时要如何处理？

# 任务二
# 特殊旅客运送

1. 了解民航特殊旅客的界定。
2. 熟悉民航特殊旅客的运输条件。
3. 熟悉航空公司对特殊旅客运输的一些基本规定。

## ▶高位截瘫旅客登机被拒　候机大厅拉横幅抗议

2011年10月8日6时40分，高位截瘫旅客朱某计划乘坐昆明至成都的航班。在登机时，因其在购票前未向航空公司出具健康证明和乘机申请，成都航空公司不予承运。

昆明机场工作人员介绍，由于该旅客并未违反民航局关于旅客安全检查的有关规定，安检工作人员启动特殊旅客检查程序对其进行检查。然而，朱某在未能乘坐航班后，情绪激动，多次堵塞登机口，欲强行登机，并阻止其他航班旅客登机。为防止朱某强行闯入航空器，现场执勤的公安民警及机场工作人员对其进行劝阻，其间朱某从轮椅上摔落。

随后，机场工作人员立即通知机场急救中心医务人员对其进行检查，将朱某送至市内大型医院进行全面体检。医院检查记录显示，朱某高位截瘫、头皮血肿、骶部褥疮。

事情发生后，工作人员第一时间与航空公司联系沟通。航空公司工作人员表示："该旅客购买机票时未申请特殊旅客服务，所以现场这种情况不能临时申请乘机。"随后，地服公司按照航空公司的服务标准和授权范围，帮助朱某两次联系改签飞往成都的航班，并出于人道关怀，两次送医，安排10月8—12日的食宿及专人陪护。

13日下午4点多，朱某及其父亲、三名盲人在昆明机场候机大厅拉起横幅抗议，横幅上写着"我要见机场领导　我要治伤　我要回家　我要正道"。这一行为引来众多过往的旅客围观。

此后朱某对航空公司提起诉讼，航空公司向法院提交的正式答辩意见中说，朱某在购票订座时未说明她是高位截瘫的残疾人，存在故意隐瞒事实，并且未按民航局相关规定提前到候机楼办理登机手续，导致被航空公司拒载，责任在于朱某，航空公司主观上没有过错。不过，2012年2月24日，人民法院对航空公司拒载朱某一案作出了判决：被告航空公司并未按合同约定的时间和航班承运朱某，在其到达登机口乘机时也未提供必要的协助，导致朱某被拒载，其行为已构成违约。最终判决航空公司退还朱某机票款860元，并赔偿其经济损失2000元。

请思考：哪些旅客属于特殊旅客？为什么对特殊旅客乘机有一些限制条件？

特殊旅客是指由于身体或精神原因需要给予特殊待遇和照顾的旅客。特殊旅客分为重要旅客、无成人陪伴儿童旅客、孕妇旅客、老年旅客、盲人/聋人旅客、病残旅客、轮椅旅客、担架旅客、遣返旅客、醉酒旅客、犯罪嫌疑人旅客等种类，对不同类型的特殊旅客有不同的运输规定。

由于特殊旅客需要特殊照顾和服务，航班需要提前提供相应的服务。再加之特殊旅客可能会影响到对同一航班其他旅客的服务，因此每个航班对接收的各类特殊旅客（除重要旅客外）应有数量限制，对特殊旅客接收人数的控制由航班的控制部门负责。

## 一、重要旅客

### （一）重要旅客的范围

重要旅客简称"要客"，是指旅客的身份、职务重要或知名度高，需要提供特殊接待和照顾的旅客。重要旅客的分类有以下三种。

1. 非常重要旅客（VVIP）

非常重要旅客主要指国家级领导，如全国人大常委会副委员长、国务院副主席、国务院副总理（国家委员）、最高人民法院院长、最高人民检察院检察长等，以及外国国家元首、政府元首、联合国秘书长等。

2. 一般重要旅客（VIP）

一般重要旅客主要包括省部级领导，我国和国外的使节，国际组织（包括联合国、国际民航组织等）负责人、国际知名人士，以及承运人认为需要给予特殊礼遇的旅客。

3. 商务要客（CIP）

商务要客主要包括工商业、经济和金融界等重要、有影响的人士，以及国际空运企业组织、重要的空运企业负责人。

### （二）重要旅客的服务规定

1. 订座售票和出票

（1）重要旅客订座、购票应予以优先保证。售票部门在接受重要旅客订座时，应要求经办人详细填写旅客订座单，并问清其职务、级别和所需提供的特殊服务；重要旅客需预订联程、回程座位及其他服务时，要及时向联程站、回程站或有关承运人订座。

（2）如果重要旅客所乘坐的航班有变更，要尽早通知重要旅客的接待单位，以便做出妥善安排。

（3）有重要旅客乘坐的航班，严禁犯罪嫌疑人、精神病患者乘坐，严禁装载危险品。

（4）对重要旅客的行程要注意保密工作。

（5）重要旅客的客票出票后，还需在旅客姓名后面添加VVIP、VIP、CIP的标识，售票单位在出票后进行登记归置。

2. 为重要旅客办理乘机、到达手续

值机部门应优先为重要旅客办理乘机、行李交运、联运等手续。在未设头等舱的航班上，应尽可能地将较舒适的座位提供给重要旅客。重要旅客到达目的站后，应先向重要旅客交付托运行李。

重要旅客的托运行李要挂贴"重要旅客"的标识牌。装卸时，要逐件核对，防止错运、丢失或损坏。始发站和经停站在装卸行李、货物时，要将贴挂"重要旅客"标识牌的行李放置在靠近舱门口的位置，以便到达站优先卸机和交付。

3. 要客通知

重要旅客办理订座手续后，售票单位最迟应该在航班飞行前一天下午4时前发特殊旅客通知（SPA/VIP）给相关部门，及时将信息通知始发港、中途港、到达港和所属航空公司的要客服务部门。要客服务部门电报应包括航班，日期，飞机号码，要客姓名、职务、人数，行李件数和舱位等内容。

4. 地面接待服务工作

要客服务部门接到有重要旅客的通知后，应事先准备好贵宾休息室，并备妥供应物品（见图4-6）。贵宾休息室的服务人员要按规定着装，举止大方，热情有礼，主动、周到地做好服务工作。

要客服务部门应派专人协助重要旅客办理乘机手续、交运或提取行李。工作人员必须掌握航班信息，及时将航班起飞时间通知重要旅客，并负责引导重要旅客上飞机。航班延误时，应首先安排好重要旅客的休息和食宿。

图4-6　杭州萧山机场贵宾室

## 二、无成人陪伴儿童旅客

无成人陪伴儿童是指年龄在5周岁以上、12周岁以下的无成人陪伴的、单独乘机的儿童。无成人陪伴儿童旅客的票价按相应的儿童票价收取，单独占一个座位。5周岁以下的无成人陪伴儿童承运人原则上不接收，如果孩子年满12周岁但未满18周岁，也可自愿申请无成人陪伴儿童服务。大多数航空公司要求无成人陪伴儿童提前3天申请，不承接无成人陪伴儿童的中转服务。

对于乘坐国内航班的无成人陪伴儿童，年龄在12周岁以下的，按公布成人票价的50%购买儿童票，年龄在12周岁以上的购买成人票；乘坐国际航班的无成人陪伴儿童按成人票价购票，并另外收取服务费。

### （一）无成人陪伴儿童的接收条件

无成人陪伴儿童应由儿童的父母或监护人陪送到上机地点，并在儿童的下机地点安排人员予以迎接和照料。

承运人在接收时应当检查无成人陪伴儿童特殊旅客乘机申请书的内容，并检查在到达站迎接儿童的指定人是否已经证实。同时还应检查儿童是否在胸前佩戴"无成人陪伴儿童标识牌（UM）"，如儿童未佩戴"无成人陪伴儿童标识牌"，应予以补发。

（二）无成人陪伴儿童座位安排原则

（1）安排在便于指定的随机服务员或乘务员照料的适当位置。

（2）靠近机上厨房，最好是过道座位。

（3）若有可能，与其他旅客分开座位。

（4）若座位满座，应安排与女乘客一起的座位。

（5）不得安排在紧急出口的座位。

（三）无成人陪伴儿童的服务规定

值机人员接收无成人陪伴儿童并为其办妥乘机手续后，立即通知地面服务人员前来接管无成人陪伴儿童，并由地面服务人员引导和协助其办理安全检查等手续，然后引导儿童进入候机室内休息等候。

在广播通知该航班旅客登机开始后，地面服务人员将无成人陪伴儿童交给指定的随机服务员或乘务员，并填写必要的书面交接单据，交代清楚交接有关注意事项。

航班起飞后，立即向有关航站拍发"旅客服务报（PSM）"。

到达站接到旅客服务报，为保证将儿童安全地交给前来迎接儿童的父母或监护人，应在儿童到达前，将预计到达时间随时通知迎接儿童的父母或监护人；在飞机到达时，指定的随机服务员或乘务员应将儿童和文件袋交给到达站的地面服务人员；地面服务人员负责将儿童和文件袋交给前来迎接儿童的父母或监护人。

## ▶合肥新桥机场暑运期间服务"小候鸟"近两千名

行业案例

【民航资源网】2022年暑假即将结束时，5～12岁"小神兽"们陆续返校。在异地度过暑期的"小候鸟"，很多选择乘坐飞机结束他们的美好暑假。这段时间，合肥新桥机场也迎来了他们的返程高潮，机场内工作人员大手牵小手穿梭于航站楼的身影，成为新桥机场一道美丽的风景。

自7月以来，截至8月25日，合肥新桥机场保障进出港无陪儿童旅客1833人，他们大多数来自北京、深圳、广州、成都等地。

"我的孩子经常自己单飞，有民航地勤和航空机组人员帮助孩子，我们家长很满意，这种点对点的服务，我们很放心！"8月16日，合肥飞往深圳的无陪儿童李星宇妈妈在办完无陪儿童手续后说。

针对"小候鸟"们的往返，合肥新桥机场也有一套完整的流程。8月13日，由成都天府机场到达合肥新桥的EU2307航班停在远机位，根据接机任务，无陪儿童刘欣怡需要保障。航班落地后，特服人员已经就位等待，她们从机组人员手中接到孩子，再完成安康码、行程码等查验手续，最终将孩子带出口处，并交到家长手里。

### 三、孕妇旅客

由于飞机是在高空飞行，高空空气中氧气相对较少，气压较低（如在10000米高空气压只有海平面的26%左右），尽管客机采用了增压座舱，但压力也只有海平面大气压力的65%左右。因此，航空公司对孕妇乘机有一定限制条件，只有符合运输规定条件的孕妇，航空公司才能接收其乘机。

#### （一）孕妇乘机的条件

（1）怀孕不足8个月（32周）的健康孕妇，可按一般旅客运输。

（2）怀孕超过8个月（32周）的孕妇及怀孕不足8个月但医生诊断不宜乘机者，承运人不予承运。

（3）怀孕超过8个月（32周）不足9个月（36周）的健康孕妇，如有特殊情况需要乘机，应交验由医生签字、医疗单位盖章的诊断证明书（一式两份），内容包括旅客姓名、年龄、怀孕孕期（如果36周以上的孕妇是短途旅行，还需注明预产期）、航程和日期、适于乘机及在机上需要提供特殊照料的事项。经承运人同意后，方可购票乘机。医院诊断证明有效时限以各航司实际要求为准。

（4）怀孕不足8个月（32周）但有先兆流产、早产风险的孕妇，以及怀孕超过9个月的孕妇，承运人不予承运。

（5）产后不足7天的产妇，以及足月生产的不满14天的新生儿、不足月生产的不满90天的新生儿，承运人不予承运。

#### （二）孕妇的运输规定

（1）接到有关特殊旅客（孕妇）运输通知后，应按通知中所述旅客要求的服务事项作相应的安排。

（2）办理乘机手续时，检查必备文件［包括诊断证明书和特殊旅客（孕妇）乘机申请书］是否齐备和符合要求。

（3）座位安排应尽可能给旅客提供方便服务，如靠近舱门的座位。

（4）如有必要，航班起飞后，向有关航站拍发"旅客服务报（PSM）"。

行业案例

### ▶一孕妇执意乘坐飞机　导致航班延误近1小时

一名来自遵义已怀孕近9个月、身体不适宜乘机的孕妇，未经医院检查并无法出示相关医院证明，在贵阳龙洞堡国际机场（简称"贵阳机场"）执意登机前往外地生产，结果导致航班延误近1小时。

记者接到延误航班乘客的反映后，立即与贵阳机场取得了联系。据贵阳机场总值班经理王玉祥介绍，这名怀孕女乘客是经北京一家旅行社购买的个人飞机票，准备乘坐当天由贵阳经南昌飞往南京的MU2756号航班前往南昌。当天，这名怀孕女乘客的姐姐帮其办理登机手续后，来到登机口和机舱口时，工作人员发现她是孕妇，经询问得知她怀孕已近9个月。根据当天这架航班所属的中国东方航空股份有限公司和中国民用航空局相关规定，32～36周的孕妇必须有县级以上医院出具的适宜乘机的证明才能乘机，但这名孕妇却无法出示证明，工作人员因此拒绝为她扫描登机牌。但她不听劝阻执意登机。

工作人员上机向这名孕妇讲解了孕妇乘机的相关规定，机场医务人员也上机对她进行了检查，在发现她的身体状况不适宜乘机后，现场为其开具了证明，并告知凭证明可全额退还票款。但这名怀孕女乘客仍执意要乘机，因此飞机不能起飞。

最后贵阳机场只有将所有乘客请下飞机，这名孕妇才终于下了飞机。其余乘客再次登机时，航班比正常起飞时间延误了近1小时。机场方面帮这名怀孕女乘客联系了从贵阳机场到遵义的专线小巴。

王经理告诉记者，根据相关规定，怀孕32周以下的孕妇可以自行乘机，32～36周的孕妇必须有县级以上医院出具的适宜乘机的证明才能乘机，36周以上孕妇禁止乘机（各家航空公司规定略有不同）。

## 四、老年旅客

老年旅客是指年满60周岁（以航司实际要求为准）乘坐民航飞机的健康老年旅客。其可分为独立乘机的老年旅客和有人陪伴乘机的老年旅客两类。

无陪老年旅客是指单独乘坐飞机需要上下机引导及空中关照服务的老年旅客。如果身体健康状况良好、有自理能力、在航空旅途过程中不需要航空公司给予特别照顾的老年旅客，可按普通旅客提供服务。

如本人或家属提出老年体弱需特殊照料，可视为病残旅客进行特殊服务。对于行走不便或文盲、语言理解困难等的老年旅客，如需要引导或轮椅等服务，应填写适用的特殊旅客乘机申请书。

### ▶各航空公司的老年旅客年龄标准线不同

拓展
阅读

春秋航空老年旅客是指乘机之日年满60岁及以上且需要特别照顾的旅客。患有冠心病、高血压、糖尿病等心脑血管病，或哮喘等病症及其他不适于乘机病症的老年旅客，一般不建议航空旅行。如有上述病情仍确需乘机的，需提供区县级（含）以上医疗单位开具的注明适宜乘机的诊断证明书，否则春秋航空可以视情况拒绝承运，西部航空要求同上。如身体虚弱、无自理能力、需要轮椅代步的老年人旅客，应视为病患旅客。此类旅客提出乘机申请时，需有成人陪同，需提供区县级（含）以上医疗单位开具的注明适宜乘机的诊断证明书并填写特殊旅客乘机申请书，春秋航空方可接收运输；无健康成人陪伴的，春秋航空有权不予承运。建议70周岁以上的老年旅客由健康成人陪伴出行，以应不时之需。

经统计，东航、天航、祥鹏、幸福航、乌航、海航未对老年人乘机作出需提供相关证明的规定，老年旅客年龄标准线均为60岁。桂林航空老年旅客年龄标准线为70岁。

四川航空规定，可为年满65周岁以上的健康老人提供无人陪伴服务。

奥凯航空的老年旅客年龄标准线为75岁，在航空旅途过程有特殊服务需求旅客应在航班离站72小时以前在奥凯航空直属售票处或奥凯航空服务热线提出乘机申请，并填写特殊旅客乘机申请书，在申请书上指明需要的特殊服务。

## 五、盲人/聋人旅客

盲人旅客是指双目失明的单独旅行旅客，旅行中需要民航提供特殊服务。聋人旅客是指双耳听力缺陷或丧失听力，需要民航提供特殊照顾的单独旅行的旅客，不含耳病和听力弱的旅客。

盲人/聋人旅客在航空旅行过程中有健康成人陪同并照料，承运人可按照普通旅客接受并承运。

承运人对每一航班上运载的无成人陪伴健康的盲人/聋人旅客的数量作一定限制，通常上限为2名。此类旅客订座及购票时，应填写必要的特殊旅客乘机申请书。接受订座的部门应通知值机部门做好服务工作，盲人/聋人旅客最迟应该在起飞4小时之前向航空公司提出申请。

办理值机手续时，应验收有关申请书，确认盲人/聋人旅客是否符合运输条件。安排座位时应为盲人/聋人旅客安排靠近乘务员或便于该旅客行动的座位，不得安排在紧急出口旁的座位，并由服务员引导盲人/聋人旅客进入候机室休息，在登机时还需给予必要的协助和照顾。

如盲人/聋人旅客携带了导盲犬/助听犬（见图4-7），必须在订座购票时提出申请，并提供动物检疫证明，经承运人同意后方可办理购票手续。带有导盲犬/助听犬应在登机牌上注明，作为对残疾人的照顾，导盲犬/助听犬及其食物、包装可免费运输，不计算在免费交运行李限额内。国内各航空公司对导盲犬/助听犬登机的规定各不相同。

航班起飞后，拍发"旅客服务报（PSM）"通知有关航站。

图4-7　盲人和导盲犬

### ▶凤凰机场推出爱心导盲杖，助力盲人旅客无忧出行

【中国民航网】为建立无障碍服务信息桥梁，让盲人旅客出行更便捷、顺畅，三亚凤凰国际机场在"爱不释手"特色服务品牌基础上深化延伸，推出爱心导盲杖，为特殊旅客提供细心、周到的人性化服务。

爱心导盲杖放置于T1、T2航站楼特殊旅客服务柜台，盲人旅客到达服务柜台后，工作人员将根据实际情况主动为盲人旅客提供导盲杖，并为盲人旅客提供值机、安检、登机一站式引导服务。不仅如此，特殊旅客接待区还配备助听器、便民服务箱等，切实提升特殊旅客的幸福感与安全感。目前，凤凰机场特针对盲人旅客出行推出预约专线，旅客出行前拨通电话转6号键可进入特殊旅客服务专席进行预约，到达机场后即可享受一对一"管家"服务。

一根爱心导盲杖，为盲人旅客的出行提供了极大便利，凤凰机场将持续践行真情服务理念，让需要被照顾的特殊旅客出行不再困难，推动服务从"主动服务"向"感动服务"转变，随时随地为广大旅客提供不间断、有温度的服务。

## 六、病残旅客

病残旅客是指由于其在精神或身体上有缺陷（或病态）而无自理能力或其行动需要他人照料的旅客。如果是一名年事很高的旅客，即使该旅客没有疾病，也应作为该类特殊旅客处理，给予特殊服务。许多航空公司在营运中对病残旅客会提供专人悉心周到的照顾，保证病残旅客乘机的安全与舒适。但是，病残旅客的身体状况有可能在长时间的飞行中，因为过载变化、气压、缺氧、颠簸等而恶化。因此，并非每位病残旅客都适宜乘机旅行。

病残旅客在申请订座时，应根据承运人的规定出示有关县市以上医疗单位在起飞前96小时以内开具的允许乘机的诊断证明书，填写特殊旅客（病残）乘机申请书（一式四份），并在起飞前的48~96小时之内购票。特殊旅客（病残）乘机申请书应由旅客本人签字，如本人书写有困难，也可由其家属或监护人代签，以表明如旅客在旅途中病情加重、死亡或给其他人造成伤害时，由申请人承担全部责任。接受订座的部门应将有关特殊服务项目通知值机部门。

为病残旅客办理乘机手续时，应验收诊断证明书、特殊旅客（病残）乘机申请书等有关文件，并注意观察病残旅客的身体状况，如出现病情恶化等不适宜乘机的情况，应根据当时实际，拒绝承运。

运输病残旅客所需的地面设备费用，如救护车、升降机等，应由旅客自行负担。

航班起飞后，向有关航站拍发"旅客服务报（PSM）"。

## ▶航空公司拒载伤残旅客屡屡发生

关注媒体，时常可看到航空公司拒载伤残旅客事件。有的伤残旅客是为了赢得抢救时间而选择乘坐飞机，却遭到拒载，贻误了抢救的时机，造成了终身残疾。遇到此类事件，媒体和舆论往往站在人道主义的角度上对伤者表示同情，对航空公司予以谴责，有的航空公司甚至因此惹上旷日持久的官司。

伤残旅客在购票时担心被拒载，往往对伤情轻描淡写，而航空公司面对旅客时发现伤情远比病人家属描述得严重。在飞行中，遇到颠簸、高空低气压、氧气稀薄等有可能会给伤员造成更严重的后果，甚至危及生命安全，航空公司出于对伤残旅客的安全考虑选择了拒载。如果航空公司不选择拒载，一旦飞行中给伤残旅客造成了更大的伤害（致死致残），招来批评和付出赔偿的仍然只能是航空公司。

如2006年1月15日，酒泉市14岁少女皮皮（化名）在一场不幸的车祸中右脚折断，为赶在12小时内送到兰州进行再植手术选择了乘坐飞机，在嘉峪关机场登机时，被航空公司拒载，贻误了再植手术时间的花季少女不得不截肢，落下了终身残疾，航空公司也因此被推上了舆论的风口浪尖，并惹来了漫长的诉讼。

面对少女被截肢的结果，家长、社会舆论甚至包括医疗机构都会忽略医生所说是"12小时内做再植手术，有恢复的可能"，仅仅是一种可能而不是能治愈的承诺，将指责统统指向航空公司。而有的医疗机构也以"并不是完全不能乘机"为由来质疑航空公司的做法，却几乎所有的医院都不愿为病人出具"适宜乘机"的证明，医疗机构的解释是在诊断证明书上只能证明患者发生过什么疾病、相关治疗情况如何、什么时候出院、出院后有何注意事项，而不会出具适宜乘机的证明，因为"各种不同的条件，会使人体出现不同的反应。医生与医院的义务是治病救人，没义务来承担这种不确定的责任"。

有时因为不同航空公司在航线上投入的机型不同，可以提供的服务设施有差异，还可能出现A公司拒载而B公司承载的现象，一旦出现了，又会给A公司带来更多的口诛笔伐。在上面的例子中，当事航空公司执行该航班的是只能载客32人的"多尼尔"小型客机，根本无法安置担架。

## 七、轮椅旅客

如果旅客在乘坐航班时需要使用轮椅，最迟应该在起飞前4小时之前向航空公司提出相应的服务申请。轮椅旅客（见图4-8）要求乘机，需填写特殊旅客（轮椅）乘机申请书（一式四份），并由旅客本人签字，如本人书写有困难，也可由其家属或其监护人代签，以表明如旅客在旅途中病情加重、死亡或给其他人造成伤害时，由申请人承担全部责任。轮椅旅客如有特殊服务要求，如在飞机上输液等，需在特殊旅客（轮椅）乘机申请书上注明。接受订座的部门应将有关特殊服务项目通知值机部门。

收到售票处的通知后，始发站值机部门应提前做好设备
和人员安排。

办理值机手续时，须验收旅客的诊断证明书和特殊旅客
（轮椅）乘机申请书，应收取一式两份，一份始发站留存，
一份由当班乘务长交到到达站。安排座位时，应将轮椅旅客
安排在靠近客舱服务员的座位或靠近舱门的座位，但不能安
排在紧急出口旁边的座位。

安排轮椅旅客提前上机，与客舱服务员交接有关事项。

在飞行途中如果旅客因病需要多占座位时，如当时有空
余座位，应予以照顾，不需另行补票。

图4-8 轮椅旅客

轮椅旅客的轮椅一般应作为托运行李放入货舱内免费运
输，不计入免费行李额内。如果旅客在订座时提出轮椅是使用干/湿电池驱动的电动轮椅，应在
收运时将电池从电动轮椅上拆下后，分别装在货舱内运输。

航班起飞后，向该航班沿途所经各站拍发"旅客服务报（PSM）"。

> **小贴士 ▼**
>
> 轮椅旅客分为三种：
>
> （1）WCHC：完全不能动弹，上下客梯和出入客舱需要背扶。
>
> （2）WCHS：可以自己进出客舱，但需要背扶上下客梯。
>
> （3）WCHR：可以上下客梯和进入客舱。
>
> 如果旅客需要提供下列设备或服务，应在不晚于航班计划离港前48小时提出，并于
> 出发日至少提前2小时到达机场办理乘机手续。
>
> （1）为残疾人团体（10人以上）提供服务。
>
> （2）托运电动轮椅。
>
> （3）提供客舱轮椅。

## 八、担架旅客

对于担架旅客，承运人原则上不予承运，但遇到特殊情况，如战争、自然灾害及国家行政命
令急需承运人给予支持的，经特别批准后可以承运（见图4-9）。

承运人可以根据机型、航线等因素对每个航班、每个航段承运担架旅客的人数等有不同的规
定，因此担架旅客必须在订座时提出申请，经承运人批准后方可出票。

担架旅客要求乘机，需填写特殊旅客（担架）乘机申请书，并由旅客本人签字，如本人书写
有困难，也可由其家属或其监护人代签，以表明如旅客在旅途中病情加重、死亡或给其他人造成

伤害时，由申请人承担全部责任。接受订座的部门应将有关特殊服务项目通知值机部门。

收到售票处的通知后，始发站值机部门应事先核实承运担架旅客的准备情况，例如座位拆卸、升降车等。

办理值机手续时，须验收旅客的诊断证明书和特殊旅客（担架）乘机申请书。安排座位时，应将担架旅客的陪同人员安排在拆卸座位邻近的位置上。登机时一般安排担架旅客先上飞机（见图4-10）。

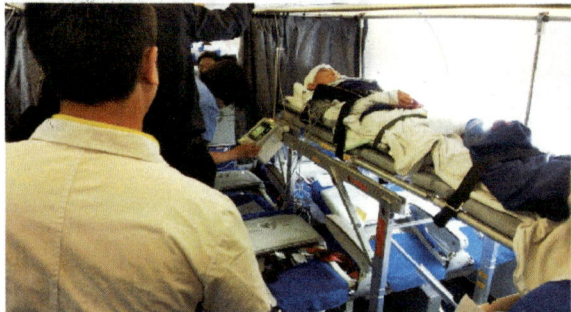

图4-9　空运地震伤员

图4-10　担架旅客上飞机

担架旅客不得使用折扣票价（按成人票价50%付费的儿童除外），担架旅客及其陪同人员按实际占用座位的数量、舱位等级计收票款，担架旅客的免费交付行李限额为60千克。

航班起飞后，向有关航站拍发"旅客服务报（PSM）"。

**行业案例**

【民航资源网】2023年1月18日，西藏航空TV9936航班顺利承运了一名生命垂危的担架旅客，从拉萨飞往重庆紧急治疗。

1月17日下午，两名军人行色匆匆地赶到西藏航空拉萨营业部。他们的一名战友在执行任务时发生意外，导致颅内出血及脑水肿，情况十分危急，需通过担架运往内地救治。由于事发突然，两名军人没有携带办理特殊旅客乘机手续的材料，又时值春运客流高峰，出藏航班的客座非常紧张，但是抢救患者刻不容缓！拉萨营业部立即协助两名军人同相关单位为其战友办理乘机材料，同时上报公司相关部门及领导，经紧急会商、高效联动，以最快的速度办理了次日西藏航空TV9936航班的特殊旅客承运手续。TV9936航班的乘务组接到通知后，随即进行综合评估，严格按照担架旅客运输相关规定，制定了服务保障方案。

乘机当天，TV9936乘务组与西藏航空拉萨基地工作人员密切配合，细致地为这名旅客做好乘机安排，并协助随行医护人员安装旅客所需医疗器械，全力保障其顺利乘机。11点40分，航班准点起飞，乘务组全程关注这名旅客的各项需求，协助随行医生观察其身体状况，同时做好旅客随行人员的服务工作。13点52分，航班平稳落地在重庆江北国际机场，比计划时间提前13分钟到达，而机坪上早已等候着救护车及西藏航空重庆基地的地面保障人员。大家齐心协力，以最快、最稳、最安全的方式将旅客转移至救护车，送往医院进一步救治。下机时，随行医生特地留下了一封感谢信，表达了对西藏航空此次的高效安排与真情服务的真诚感谢。

## 九、遣返旅客

遣返旅客是指由于旅客违反入境国家政府或有关当局规定而被拒绝入境或命令其离境的旅客。遣返旅客包括两种：拒绝入境旅客（INAD）和离境旅客。

拒绝入境旅客是指由于入境旅客的手续不完备等原因而被入境国家政府或有关当局拒绝入境的旅客。根据规定，旅客应自行办妥遣返目的地国家的入境手续，除非完全由于承运人的过失或疏忽所致，承运人不负遣返责任。多数国家政府规定，入境承运人必须将非法入境旅客载运出境。遇此情况发生，承运人应首先了解旅客被遣返的原因，及时妥善处理，如有可能，可向有关当局索取遣返出境书面命令。

若旅客已购买回程航段的客票，则不需要重新购票，并且原客票的最短停留期限、票价有效期等限制全部取消，原客票适用于立即返回的运输，但在客票的"签注"栏内注明"RESTRICTIONS WAIVED DUE INAD"字样。若旅客未购买回程客票，则入境航空公司须售给旅客返回原航程最后一个经停点或根据入境政府的要求返回其他适当的回程地点的客票，在客票的旅客姓名后注明"INAD"字样。遣返旅客的票款由旅客自己负担，可用未使用航段的票款抵付，也可用现金支付。在被拒绝入境至遣返开始期间所发生的食宿、地面运输等费用由遣返旅客自行负担。如果旅客实在不能支付回程票款，而入境政府又强制遣返，旅客回程票款可由载运入境的航空公司按比例分摊垫付。根据空运企业间的惯例，如果承运人是该遣返旅客遣返目的地的承运人，又是该旅客原入境航班的交运承运人，旅客的付款方式是运费到付，则该承运人应负责向遣返旅客收取遣返航程的票款和其他地面费用。

离境旅客是指由于违反所在国家的法律而被命令离境的旅客。离境旅客的回程客票座位必须是证实的，若购买新客票，则由旅客自行支付票款，在旅客姓名后注明"DEPA（有人押送）"或"DEPU（无人押送）"的字样。

配载人员在载重表的"REMARK"栏中注明遣返旅客的姓名和座位号，并在航班关闭后，立即向有关航班拍发电报，电报内容包括旅客姓名、航班号、日期、航程、是否有人押送等。

## 十、醉酒旅客

醉酒旅客泛指酒精、麻醉品或毒品中毒，失去自控能力，在航空旅行中明显会给其他旅客带来不愉快或可能造成不良影响的旅客。

在始发站，承运人有权根据旅客的行为、言谈举止对旅客是否属于醉酒旅客自行判断决定，属于醉酒旅客，承运人不予承运；在旅客乘机地点，对于酒后闹事、有可能影响其他旅客旅行生活的醉酒旅客，承运人有权拒绝其登机；在飞行途中，发现旅客处于醉态，不适合旅行或妨碍其他旅客时，机长有权在飞机上采取措施，制止其行为或令其在下一个停机地点下飞机。醉酒旅客被拒绝乘机，如需退票时，按非自愿退票办理。

**行业案例**

## ▶醉酒旅客殴打机场工作人员　被处以拘留与经济处罚

【民航资源网】2019年7月，一名旅客被机长判定饮酒超量，存在安全隐患，拒绝该旅客登机。青岛机场工作人员按规定引导该旅客离开登机区域，却遭到旅客的谩骂和殴打，腹部及后脑遭受旅客手提包重击，旅客包内玻璃水杯因大力撞击破碎。整个过程中机场工作人员始终冷静应对、有礼有节，事发后公安机关立即介入并将闹事旅客带走处置。

## 十一、犯罪嫌疑人旅客

由于犯罪嫌疑人是受到我国现行法律管束的人员，在办理犯罪嫌疑人运输时，必须与有关公安部门及通过外交途径与有关外交部门取得联系。在处理犯罪嫌疑人运输时，还应注意符合我国有关法律、法令和对外政策及有关国家的法律。

运输犯罪嫌疑人时应有公安部门的书面批准，在订座时提出申请，经承运人同意后方可运输。每个航班仅接受一名犯罪嫌疑人运输申请，并且警力人员应为犯罪嫌疑人的2~3倍，犯罪嫌疑人及其监送人员仅限于乘坐经济舱。

在办理乘机手续时，应将犯罪嫌疑人和警力人员尽可能安排在与一般旅客距离较远的位置，并不得安排在紧急出口旁和靠窗座位。警力人员和犯罪嫌疑人应该提前登机，座位尽可能安排在客舱尾部，到达目的地后最后下机。在整个飞行过程中应该给犯罪嫌疑人戴上手铐，并适当掩饰，以免影响其他旅客的情绪，并将犯罪嫌疑人运输的有关情况通知机组。警力人员在乘机时不得携带武器。

航班离站后，发电报通知有关航站。

## 十二、用氧旅客

在乘坐航班时需要使用医用氧气的旅客，可以向航空公司提出用氧服务的申请。

用氧旅客需要在航班实际出发48小时内提供诊断证明书，申请成功后，旅客需打印特殊旅客乘机申请书和风险告知确认书（一式两份），作为享受此服务的唯一凭证。

旅客用氧费用按300元人民币/瓶收取；担架旅客或残疾旅客需要在飞行中使用医用氧气装置的，免收用氧费用。

**思考与练习**

一、基础训练

1. 对VIP旅客的地面接待服务工作有哪些规定？

2. 什么是无成人陪伴儿童？

3. 民航对孕妇乘机的条件有何规定？

4. 对盲人/聋人旅客、轮椅旅客、担架旅客的免费行李额有何规定？

5. 民航对醉酒旅客乘机有何规定？

6. 哪些特殊旅客应该"先上后下"？

二、案例分析

来自新乡的旅客白女士，带着偏瘫的母亲从郑州乘飞机去沈阳。但白女士到达郑州新郑国际机场后，机场工作人员说白女士的母亲不能登机。经一番协调后，白女士拿到了医院开具的适合登机的证明。但此时她们要乘坐的航班已经起飞。随后，航空公司将她们安排到宾馆休息，并将航班调整到24日的同一时间。白女士抱怨说："适合登机证明的文件拿来了，我们终于可以乘坐飞机了。但我妈妈在宾馆待了一天，既没法输液，也没有做理疗，这对病人的康复很不利。"

如果你是当时的工作人员，你会如何处理？

# 任务三
# 安全检查

1. 了解安全检查工作的基本程序和原则。
2. 了解证件检查的基本步骤和注意事项。
3. 熟悉人身检查的操作步骤并能实际操作。
4. 了解开箱包检查的要求及注意事项。

　　2018年1月13日，北京首都国际机场安检通道内，一名女子拒绝安检。安检人员向女子解释这是机场规定，该女子眼见飞机即将起飞，便试图冲关，安检人员报警求助。该女子随后还辱骂前来处理的警察并要赖说："你们可以传唤我，但我走不动了，需要你们抬走……"最终，该女子因扰乱单位场所秩序、阻碍执行职务，被警方处以行政拘留15天的处罚。

　　旅客在值机柜台办理了乘机手续后，须经过安全检查方能进入候机隔离区候机、登机（见图4-11）。

　　安全检查是安全技术检查的简称，是指在民用机场实施的为防止劫（炸）航空器和其他危害航空安全的事件发生，保障旅客、机组人员和航空器安全所采取的强制性的检查。

图4-11　安检通道

　　安全检查工作由机场的专业安检部门执行，安检部门有行政法规的执行权、检查权、拒绝登机权和对候机隔离区、航空器的监护权。有权对乘坐民用航空器的旅客及其行李、进入候机隔离区的其他人员及物品，以及空运货物、邮件进行安全检查，对候机隔离区内的人员、物品进行安全监控，对执行飞行任务的民用航空器实施监护。

## 一、安全检查工作的基本程序和原则

　　为提高安全检查工作的质量和效率，要求所有安检人员必须熟悉安全检查工作的基本程序，明确要求。

（一）安全检查的基本程序

值班领导在检查开始前应了解航班动态，传达上级有关指示和通知，提出本班要求及注意事项。

检查时，组织旅客按秩序排好队、准备好证件。首先查验旅客的有效身份证件和登机牌，检查无误后再请旅客通过安全门，对有疑点者要进行手工检查，手提行李物品、托运行李和货物快件、邮件应通过X射线安全技术检查仪进行检查，发现可疑物品要开箱（包）检查，必要时可以随时抽查。在无仪器设备或仪器设备发生故障时，应当进行手工检查。

安全检查人员应当对进入候机隔离区等候登机的旅客实施监管，防止与未经安全检查的人员混合或接触。安全检查部门应派人员在候机隔离区内巡视，对重点部位加强监控。

安检各勤务单位必须认真记录当天工作情况及仪器使用情况，并做好交接班工作。

（二）安全检查工作的原则

安全检查工作应当坚持安全第一、严格检查、文明执勤、热情服务的原则，在具体工作中应做到以下四个方面。

1. 安全第一，严格检查

确保安全是安全检查的宗旨和根本目的，而严格检查则是实现这个目的的手段和对安检人员的要求。严格检查就是严密地组织勤务，执行各项规定，落实各项措施，本着对国家和乘客高度负责的精神，牢牢把好安全检查、飞机监护等关口，切实做到证件不符不放过、X射线机图像判断不清不放过、开箱（包）检查不彻底不放过，以确保飞机和旅客的安全。

2. 坚持制度，区别对待

国家法律、法规及有关安全检查的各项规章制度和规定，是指导安全检查工作的实施和处理各类问题的依据，必须认真贯彻执行，决不能有法不依、有章不循。同时，还应根据特殊情况和不同对象，在不违背原则和确保安全的前提下灵活处置各类问题。通常情况下，对各种旅客实施检查，既要一视同仁，又要主次区别、明确重点、有所侧重。

3. 内紧外松，机智灵活

内紧是指检查人员要有敌情观念，要有高度的警惕性和责任心、紧张的工作作风、严密的检查程序，要有处置突发事件的应急措施等，使犯罪分子无空可钻。外松是指检查人员要做到态度自然、沉着冷静、语言文明、讲究方式，按步骤、有秩序进行工作。机智灵活是指面对错综复杂的情况，检查人员要有敏锐的观察能力和准确的判断能力，善于分析问题，从受检人员的言谈举止、行装打扮和神态表情中发现蛛丝马迹，不漏掉任何可疑的人员和物品。

4. 文明执勤，热情服务

机场是地区和国家的窗口，安全检查是机场管理和服务工作的一部分。检查人员要树立全心全意为旅客服务的思想，要检查规范、文明礼貌，要着装整洁、仪表端庄、举止大方、说话和气，"请"字开头，"谢"字结尾，要尊重不同地区、不同民族的习惯，同时在确保安全、不影响正常工作的前提条件下尽量为旅客排忧解难。对伤、病、残旅客予以优先照顾，不能伤害旅客的自尊心，对孕妇、幼童、老年人要尽量提供方便，给予照顾。

## 二、证件检查

证件检查（见图4-12）是旅客安全检查的第一道工序。证件检查员不仅要检查乘机旅客的有效身份证件，还要检查包括机场工作人员在内的所有需要通过安检通道进入候机隔离区人员的证件，符合规定的才能予以放行。

在安检通道入口处，所有需要通过安检通道进入候机隔离区的人员需列队等候，有秩序地通过安检通道。在入口处设有待检区，维序检查员和前传

图4-12　证件检查

检查员负责维持待检区秩序，通知旅客准备好有效身份证件和登机牌，组织旅客有序进入证件检查台。

证件检查员负责对旅客的有效身份证件、登机牌进行核查，防止旅客或其他人员利用涂改、伪造、冒名顶替及其他无效证件通过安检通道进入候机隔离区，同时还要协助执法部门发现和查控在控人员。

### （一）证件检查的准备工作

（1）证件检查员应按时到达证件检查岗位，做好工作前的准备，按以下内容办理好交、接班手续，包括上级的文件、指示，执勤中遇到的问题及处理结果，设备使用情况，遗留问题及需要注意的事项等。

（2）证件检查员到达证件检查岗位后，应将安检验讫章放在验证台相应的位置，开始进入待检状态。安检验讫章通常实行单独编号、集中管理，落实到各班（组）使用。安检验讫章不得带离工作现场，遇有特殊情况需要带离时，必须经安检部门值班领导批准。

（3）检查安检信息系统是否处于正常工作状态，并输入ID号，进入待检状态。

### （二）证件检查的程序

（1）人、证对照。证件检查员接证件时，要注意观察持证人的五官特征，再看证件上的照片与持证人五官是否相符。

（2）四核对：一是核对证件上的姓名与机票上的姓名是否一致；二是核对机票是否有效，有无涂改痕迹；三是核对登机牌所注航班是否与机票一致；四是查看证件是否有效，同时查对持证人是否为查控对象。使用电子客票的旅客，只核对证件与登机牌。

（3）查验无误后，按规定在登机牌上加盖安检验讫章放行。

### （三）证件检查的方法

查验证件时应采取检查、观察和询问相结合的方法，具体为"一看、二对、三问"。

看：就是对证件进行检查，要注意甄别证件的真伪，认真查验证件的外观式样、规格、塑封、暗记、照片、印章、颜色、字体、印刷、编号及有效期等主要识别特征是否与规定相符，有无变造、伪造疑点。

对：就是观察辨别持证人与证件照片的性别、年龄、相貌特征是否吻合，有无疑点。

问：就是对有疑点的证件，通过简单询问持证人姓名、年龄、出生日期、单位、住址等进一步加以核实。

**（四）证件检查的注意事项**

（1）检查中要注意看证件上有关项目是否有涂改的痕迹。

（2）检查中要注意辨识是否存在冒名顶替的情况，注意观察持证人的外貌特征是否与证件上的照片相符。发现有可疑情况，应对持证人仔细查问。

（3）查验证件时要注意方法，做到自然大方、态度和蔼、语言得体，以免引起旅客反感。

（4）注意观察旅客穿戴有无异常，如遇到戴墨镜、戴围巾、戴口罩、戴帽子等有伪装嫌疑的穿着，应让其摘下，以便于准确核对。

（5）应注意工作秩序，集中精力，防止漏检证件或漏盖验讫章。检验中发现疑点时，要慎重处理，及时报告。

（6）验证中要注意发现通缉、查控对象。

（7）验证中发现疑点时，要慎重处理，并及时报告。

（8）根据机场流量、工作标准及验证、前传、引导、人身检查岗位的进度和要求适时验放旅客。

**（五）机场控制区通行证件的检查**

民航工作人员需进入机场控制区时，证件检查员也需检查其机场控制区通行证件，符合民用航空主管部门及本机场有关文件规定的才能放行。

机场控制区通行证件一般分为人员证件和车辆通行证件。人员证件分为全民航统一制作的人员证件、各机场制作的人员证件及其他通行证件。

全民航统一制作的人员证件包括空勤登机证、航空安全员执照、公务乘机通行证、特别工作证。

空勤登机证、航空安全员执照适用于全国各民用机场控制区（含军民合用机场的民用部分），登机时只允许登本航空公司的飞机，注有"民航"二字的适用于各航空公司的飞机；公务乘机通行证只限在证件"前往地"栏内填写的机场适用；特别工作证可免检进入全国各民用机场控制区、隔离区或登机（不代表机票乘机）检查工作。

民航工作人员通行证是发给民航内部工作人员的因工作需要进出某些控制区域的通行凭证，其使用范围一般在证件上有注明。

车辆通行证由机场公安机关根据其任务确定使用区域，其样式各机场不尽相同。

**（六）在控人员的查缉与控制**

查控工作是一项政策性较强的工作，是通过公开的检查形式发现、查缉、控制恐怖分子、预谋劫机分子、刑事犯罪和经济犯罪分子、走私贩毒和其他犯罪分子的一种手段。

公安、安全部门要求查控时应通过机场公安机关办理查控手续，凭《查控对象通知单》等有效文书，委托安检部门布控。如遇特殊、紧急、重大的布控任务而来不及到机场公安机关办理手续时，查控单位可先凭齐全的有效手续委托安检部门布控，随后到机场公安机关补办手续。查控通知应具备的内容和要素有查控对象的姓名、性别、所持证件编号、查控的期限和要求、联系单位、联系人及电话号码。

安检部门接控后应及时安排布控措施，验证检查员要熟记在控人员名单和主要特征，检查中发现查控对象时，应根据不同的查控要求采取不同的处理方法。

发现通缉的犯罪嫌疑人时，要沉着冷静、不露声色，待其进入安检区后，按预定方案处置，同时报告值班领导，尽快与布控单位取得联系。将嫌疑人移交布控单位时，要做好登记，填写移交清单并双方签字。对与嫌疑人同名同姓的旅客，在没有十足把握的情况下移交公安机关处理。

## 三、人身检查

人身检查是指采用公开的仪器和手工相结合的方式，对旅客人身进行的安全检查。其目的是发现旅客身上藏匿的危险、违禁物品，保障民用航空器及其所载人员的生命、财产安全。

对旅客进行人身检查有两种方法：仪器检查和手工检查。现场工作中，通常采用仪器与手工相结合的检查方法。其中仪器检查是通过安全门检查或采取手持金属探测器等检查发现危险品、违禁品及限制物品。

人身检查包括前传引导（见图4-13）和安全门（见图4-14）检查两个具体岗位。其中前传引导员需负责引导旅客有秩序地通过安全门，并检查旅客自行放入托盘中的物品；安全门检查员负责对旅客人身进行仪器或手工检查，检查中要准确识别并根据有关规定正确处理违禁物品。

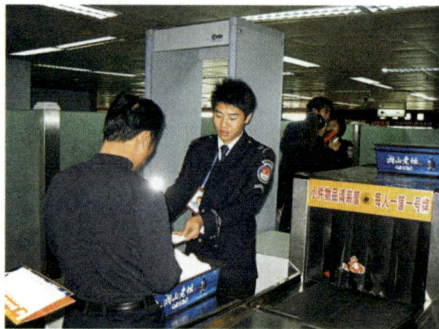

图4-13　引导员工作中

### （一）引导岗位的操作方法和程序

（1）引导员将衣物筐放于安全门一侧的工作台上。

（2）引导员站立于安全门一侧，面对旅客进入检查通道的方向。当有旅客进入通道时，引导员提示旅客将随身行李有序地放置于X射线机传送带上，同时请旅客将随身物品取出放入衣物筐内。若旅客穿着较厚重的外套，应请其将外套脱下，一并放入衣物筐过机检查。

（3）引导员观察手检区手检员工作情况，当手检员正在对旅客进行检查时，引导员应请待检旅客在安全门一侧等待。待手检员检查完毕，引导员应疏导待检旅客有序通过安全门，合理控制过检速度，保证人身检查通道的畅通。

（4）对于易碎、贵重物品或其他特殊物品，应及时提醒开机员小心注意。

（5）对不宜经过X射线机检查的物品，从安全门一侧交与手检员，并通知开包员检查。

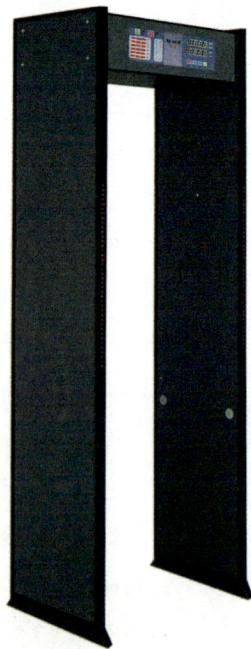

图4-14　安全门

（二）利用安全门检查

民航现在使用的安全门为通过式金属探测门，它利用设备发生的一连串脉冲信号产生一个时变磁场，该磁场对探测区中的导体产生涡电流，涡电流产生的次级磁场在接受线圈中产生电压，并通过处理电路辨别是否报警。发射磁场厚度很低，对心脏起搏器佩戴者、体弱者、孕妇、磁媒体介质和其他电子装置无害。

通过式金属探测门装有视觉和声音两种警报，可根据实际情况选择报警方式。安全门应调节到适当的灵敏度，但不能低于最低安全设置要求。如果安全门的灵敏度下降，就应适当调高其灵敏度。

除政府规定的免检者外，所有旅客都必须通过安全门检查。旅客通过安全门之前，安全门前的引导员应首先让其取出身上的金属物品，然后引导旅客按次序逐个通过安全门（要注意掌握旅客流量）。如果安全门未发生报警，旅客可以直接通过安全门进入候机隔离区；如果安全门发生报警，应使用手持金属探测器或手工人身检查的方法进行复检，彻底排除疑点后才能放行。

旅客放入托盘中的物品和旅客随身携带的物品可不经过安全门，但应通过X射线机进行检查。如物品不便进行X射线机检查，要注意采用摸、掂、试等方法检查是否藏匿违禁物品。

（三）手工人身检查

如果安全门检查报警，或由于其他原因需要手工检查时，须由手检员使用手持金属探测器对旅客进行手工人身检查（见图4-15）。手持金属探测器能产生恒频率磁场，当探测器接近金属物品时，就会发出报警信号。

冬季着装较多时，手检员可请旅客解开外衣，对外衣也必须进行认真检查。具体的方法步骤如下。

（1）手检员面对或侧对安全门站立，注意观察安全门报警情况及动态，确定重点手检对象。

（2）当旅客通过时安全门报警或有可疑对象时，手检员请旅客到安全门一侧接受检查。检查时，对探测器所到之处，手检员应用另外一只手配合摸、按、捏动作。

（3）手检过程中，应注意对头部、手腕、肩胛、胸部、臀部、腋下、裆部、腰部、腹部、脚部、衣领、领带、鞋、腰带等部位进行重点检查。

为避免遗漏检查部位，手持金属探测器（见图4-16）检查一般按照以下顺序进行：前衣领→右肩→右大臂外侧→右手→右大臂内侧→右腋下→右上身外侧→右前胸→腰、腹部→左肩→左大臂外侧→左手→左大臂内侧→左腋下→左上身外侧→左前胸→腰、腹部；右膝部内侧→裆部→左

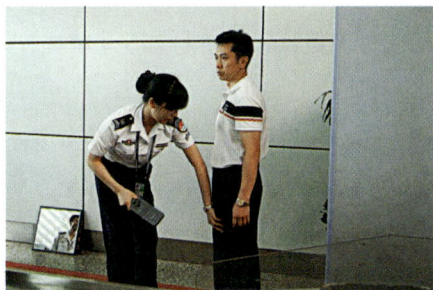

图4-15　手工人身检查

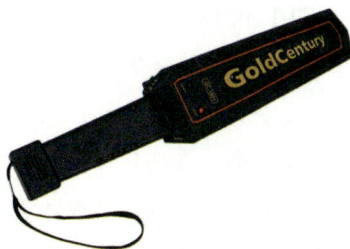

图4-16　手持金属探测器

膝部内侧；头部→后衣领→背部→后腰部→臀部→左大腿外侧→左小腿外侧→左脚→左小腿内侧→右小腿内侧→右脚→右小腿外侧→右大腿外侧。

如果手持金属探测器报警，手检员应左手配合触摸报警部位，以判明报警物质性质，同时请过检人员取出报警物品进行检查。过检人员将报警物品从身上取出后，手检员应对报警部位进行复检，确认无危险品后方可进行下一步检查。

（4）当检查到脚部有异常时，应让过检人员坐在椅子上，请其脱鞋接受检查（见图4-17）。步骤为：用手握住其脚踝判别是否藏有物品，确定其袜中是否夹带物品，检查完毕后将旅客的鞋过X射线机检查，确认无问题再放行。

图4-17　脱鞋检查

## （四）检查的重点对象

（1）精神恐慌、言行可疑、伪装镇静者。

（2）冒充熟人、假献殷勤、接受检查过于热情者。

（3）表现不耐烦、催促检查或言行蛮横、不愿接受检查者。

（4）窥视检查现场、探听安全检查情况等行为异常者。

（5）本次航班已开始登机、匆忙赶到安检现场者。

（6）公安部门、安全检查站掌握的嫌疑人和群众提供的有可疑言行的旅客。

（7）上级或有关部门通报的来自恐怖活动频繁的国家和地区的人员。

（8）着装与其身份不相符或不合时令者。

（9）男性中、青壮年旅客。

（10）根据空防安全形势需要有必要采取特别安全措施航线的旅客。

（11）有国家保卫对象乘坐的航班的其他旅客。

（12）检查中发现的其他可疑问题者。

行业案例

## ▶海口美兰国际机场安检站成功查获一名旅客试图利用口罩藏匿打火机事件

【澎湃新闻】2021年4月21日，一名男性旅客为方便吸烟，企图利用口罩藏匿打火机，被海口美兰国际机场安全检查站成功查获。

当日14:58，一名男性旅客由B区3号通道过检。过检期间，该男子一直将口罩悬挂于下颚处，并露出面部。在进行人身检查时，根据检查要求，安检员请该旅客配合将口罩取下进行检查。该男子突然迅速将口罩一把拽下，并紧攥在拳中。安检员秉持高度的责任心，认真仔细地检查旅客手部，翻开旅客拳头逐层检查，并在口罩内侧发现旅客藏匿的打火机。安检员当即报告值班主管并控制旅客，对其实施严密的人身检查和随身行李检查。随后，值班主管将该男子移交机场公安处理，公安机关对其实施行政罚款处罚。

## 四、开箱（包）检查

对旅客所携带行李中的箱（包），如果有必要，可由开箱（包）检查员实施开箱（包）手工检查（见图4-18）。

**（一）开箱（包）检查的重点对象（重点物品）**

（1）用X射线机检查时，有图像模糊不清、无法判断性质的物品。

（2）用X射线机检查时，发现似有电池、导线、钟表、粉末状、液体状、枪弹状物及其他可疑的物品（见图4-19）。

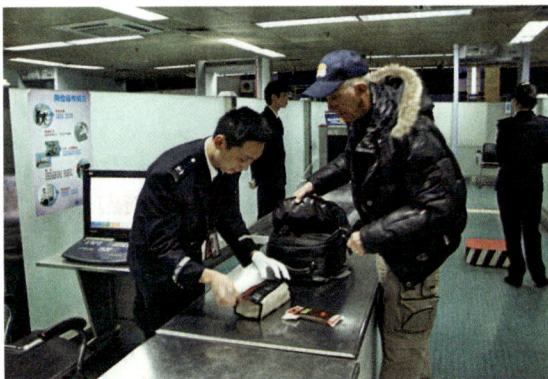

图4-18　开箱（包）检查

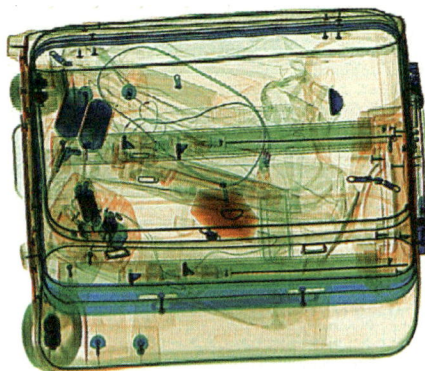

图4-19　X射线机检查出有爆炸物品的箱包

（3）X射线机图像中显示有容器、仪表、瓷器等物品。

（4）照相机、收音机、录音录像机及电子计算机等电器。

（5）携带者特别小心或时刻不离身的物品。

（6）乘机者携带的物品与其职业、事由和季节不相适宜的。

（7）携带者声称是帮他人携带或来历不明的物品。

（8）旅客声明不能用X射线机检查的物品。

（9）现场表现异常的旅客或群众揭发的嫌疑分子所携带的物品。

（10）公安部门通报的嫌疑分子或被列入查控人员所携带的物品。

（11）旅客携带的进入检查区域发生报警的密码箱（包）。

**（二）开箱（包）检查的要求及注意事项**

（1）开箱（包）检查时，物主必须在场，并请物主将箱（包）打开。

（2）检查时要认真细心，特别要注意重点部位如箱（包）底部、角部、外侧小兜，并注意检查有无夹层。

（3）防止已查验的行李箱（包）与未经安全检查的行李箱（包）调换或查验后再夹带违禁（危险）物品。

（4）对旅客的物品要轻拿轻放，如有损坏，应照价赔偿。检查完毕，应尽量按原样放好。

（5）开箱（包）检查发现危害大的违禁物品时，应采取措施控制住携带者，防止其逃离现场，并将箱（包）重新经X射线机（见图4-20）检查，以查清是否藏有其他危险物品，必要时将其带入检查室彻底清查。

图4-20　X射线机

（6）若旅客声明所携带物品不宜接受公开检查，安检部门可根据实际情况避免在公开场合检查。

（7）开箱（包）的行李必须再次用X射线机检查。

**（三）开箱（包）检查的操作**

开箱（包）员站立在X射线机行李传送带出口处疏导箱（包），避免过检箱（包）被挤压、摔倒。

当有箱（包）需要开检时，开机员给开箱（包）员以语言提示。物主到达前，开箱（包）员控制住需开检的箱（包），待物主到达后，开箱（包）员请物主自行打开箱（包），对箱（包）实施检查。如遇到箱（包）内疑有枪支、爆炸物等危险品的特殊情况时，需由开箱（包）员控制箱（包），并做到人、物分离（见图4-21）。

开箱（包）检查时，开启的箱（包）应侧对物主，使其能通视自己的物品。

根据开机员的提示对箱（包）进行有针对性的检查时，已查和未查的物品要分开，放置要整齐有序。检查箱（包）的外层时应注意检查其外层小口袋及有拉锁的外夹层，检查箱（包）的内层和夹层时应注意用手沿包的各个侧面上下摸查，将所有的夹层、底层和内层小口袋完整、认真地检查一遍。

检查过程中，开箱（包）员应根据物品种类采取相应的方法（看、听、摸、拆、掂、捏、嗅、探、摇、烧、敲、开）进行检查（图4-22）。

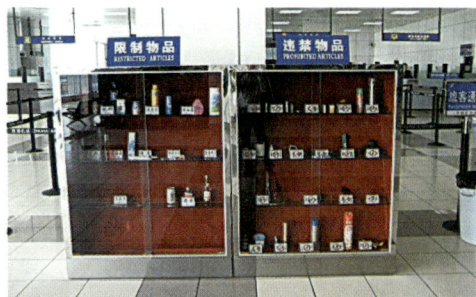

图4-21　检查出的部分违禁品

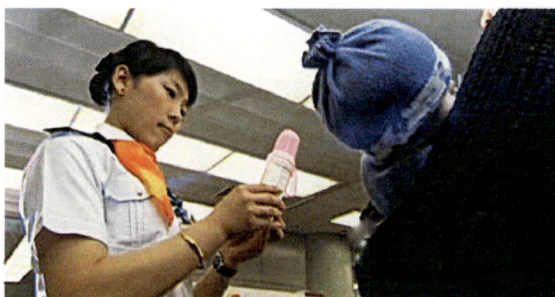

图4-22　对液态物品进行检查

开箱（包）员检查出的物品应请开机员复核。若属安全物品，则将物品交还旅客本人或放回旅客箱（包），协助旅客将箱（包）恢复原状，然后对箱（包）进行X射线机复检；若属违禁品，则上交值班领导处理。

过检人员声明携带的物品不宜接受公开开箱（包）检查时，开箱（包）员应交值班领导处理。

遇有过检人员携带有胶片等不适合接受X射线机检查的物品时，应进行手工检查。

**（四）开箱（包）检查的情况处置**

开箱（包）检查应严格按照行李运输的要求执行，不能作为行李运输的物品坚决不能让旅客带上飞机或托运，限制运输的物品一定要在限制条件范围之内才能带上飞机。

检查中如果涉及违法犯罪，应交由有关部门处理。发现走私物品，应将人和物移交海关处理。发现淫秽物品、毒品、赌具、伪钞、反动宣传品等，应作好登记并将人和物移交机场公安机关处理。

对于限制运输不在限制条件内的物品，可视情况为旅客办理移交和暂存手续。

如果检查中发现禁止通过航空运输的物品，属于国家有关法律法规指定的违禁品的，应移交公安机关并作违禁品登记（见图4-23）；不属于违禁品的，可让旅客交送行人带回或旅客自行处理，如旅客提出放弃，可将该物品归入旅客自弃物品回收筐。

如果检查中发现禁止旅客随身携带但可作为行李托运的物品，或限量携带的超过限制数量物品，可让旅客交送行人带回或办理托运。如无送行人又来不及办理托运，可为旅客办理暂存手续，并告知旅客暂存期为30天。如逾期无人认领，可延长7天存放期，7天后仍无人认领，将视为自弃物品上交处理，不再为其保存。如旅客提出放弃，可将该物品归入旅客自弃物品回收筐。

图4-23　安检员讲解违禁品种类

## ▶旅客携带9发子弹登机！陕西一机场紧急处理

【第一新闻】2021年1月9日，汉中机场安检护卫部执行HU7336（汉中—深圳）航班的安全检查时，一名旅客在随身行李中携带9发子弹通过安检，被汉中机场安检护卫部查获。

当日20:35左右，汉中机场旅检2通道X光机操作员在检查旅客行李过检图像时，发现一名旅客随身携带的双肩包左下方有疑似子弹状物品，随即要求开包检查员对双肩包进行开包检查，发现旅客双肩包夹层中携带未击发子弹9发。因该名旅客涉嫌携带国家法律规定的违禁品，安检人员立即将其及查控物品移交民航公安机关处理。

行业
案例

► **为免费改签　谎称飞机上有炸弹**

【金羊网】2019年8月6日下午2时许，为达到无偿改签机票的目的，郭某在意大利罗马机场两次拨打电话至广州白云国际机场航站区派出所及机场安检部门，编造并谎报广州至上海浦东的CZ0379航班飞机上有炸弹的虚假恐怖信息。

郭某回忆："我当时买的是联程机票，而且不能退票。因我办理退税，所以延误了第一个航班，如果改签就需要手续费，不改签两个航班都会错过。我当时想通过这个办法航班肯定飞不了，这样我就可以免费改签了，没想到会有其他后果，也没想到会找到我。我对自己的行为非常后悔。"

该信息导致中国南方航空股份有限公司启动炸弹威胁四级响应，并通知武警、救护车、消防车到场，对该航班的乘客及物品重新安检，对航班客舱、货舱进行排查。最终，该航班延误2小时59分钟后起飞。

法院：编造虚假恐怖信息，判刑并承担民事赔偿责任。

广州市白云区人民法院经审理认为，被告人郭某编造爆炸威胁的恐怖信息，严重扰乱社会秩序，其行为已构成编造虚假恐怖信息罪。被告人郭某犯罪后如实供述自己的罪行，可以从轻处罚；承认指控犯罪事实，愿意接受处罚，可以依法从宽处理。依法判决被告人郭某犯编造虚假恐怖信息罪，判处有期徒刑八个月。

航空公司另提起民事诉讼称，郭某编造虚假恐怖信息的行为致其产生相应经济损失，并提交了会计师事务所审计报告，结论为直接经济损失86435.72元。

广州市白云区人民法院经审理查明，郭某谎报航班上有炸弹，导致航空公司采取了对涉案航班的乘客及物品重新安检并排查客舱、货舱等相应措施，为此产生了直接经济损失86435.72元，郭某应当对该损失承担侵权赔偿责任。

最终，法院依法判决郭某赔偿航空公司86435.72元。

**思考与练习**

**一、基础训练**

1. 简述证件检查的基本程序。

2. 开箱（包）检查的要求有哪些？应注意什么？

**二、判断对错**

1. 安全检查全称是安全技术检查，是一种强制性的技术检查。（　　　）

2. 人身检查是旅客安全检查的第一道工序。（　　　）

3. 证件检查员只负责对旅客的有效身份证件进行检查。（　　　）

4. 查验证件时应采取检查、观察和询问相结合的方法，具体为"一看、二对、三问"。（　　　）

5. 民航工作人员需进入控制区时，证件检查员无须检查其控制区通行证件。（ ）

6. 对旅客进行人身检查有两种方法：仪器检查和手工检查。（ ）

7. 开箱（包）检查时，物主必须在场，并请物主将箱（包）打开。（ ）

8. 对开箱（包）的行李检查无违禁物品后方可放行，无须再次用X射线机检查。（ ）

9. 过检人员声明携带的物品不宜接受公开开箱（包）检查时，实行强制性检查。（ ）

# 任务四
# 旅客运输不正常

1. 了解航班不正常的各种情况和原因。
2. 熟记航班不正常时的责任及基本处理方法。
3. 区分误机、漏乘与错乘，并熟记其基本处理措施。

　　桂林两江国际机场发生一起因航空公司与乘客就航班延误的赔偿问题未达成一致意见，飞机弃客而去，造成10名乘客滞留机场的事件。

　　1月26日，由桂林飞往济南，经停杭州的山东航空公司的SC4952航班，原计划16:10从桂林起飞。

　　搭乘这架飞机的40名乘客约在14:00先后到达桂林两江国际机场。14:20机场通知，因航空公司计划延误，预计起飞时间为19:20，请乘客到机场宾馆休息。

　　当天20:40左右，乘客来到机场，被告知飞机将在约21:10降落在桂林两江国际机场。按照《中华人民共和国民用航空法》的有关规定，飞机延误4小时，乘客将获得200元人民币的赔偿。乘客要求山东航空公司以现金的方式支付赔偿金，山东航空公司同意了这一要求，但支付必须在飞机降落以后。其中一位乘客因曾经历过航空公司毁约，要求山东航空公司在登机前支付赔偿金，山东航空公司拒绝了这一要求。乘客便要求机长或乘务长在赔偿书上签字，也遭到了拒绝。于是双方在这一问题上僵持不下，机场和乘务人员多方劝说，希望乘客能尽快登机。有30名乘客在劝说下登上了飞机，另10名乘客坚持航空公司不同意他们的要求就不登机。在这种情况下，乘务组卸下了这10名乘客的行李，于22:45起飞离去。这10名乘客至第二天9:00仍滞留机场。

　　这10名乘客要求山东航空公司对此作出合理赔偿及书面道歉。

　　客票售出后，由于售票部门、客运人员工作中的差错，或因航班飞行中出现了特殊情况，或由于旅客乘机过程中的种种原因，致使旅客未能如期完成客票上所列航程的旅行，称之为旅客运输不正常。承运人应采取一切措施防止各种不正常情况的发生，并在发生旅客运输不正常情况后迅速应对，尽最大可能减少给旅客带来的不便与不适，挽回影响，提高航空公司的声誉。

## 一、航班不正常

航班不正常是指由于航路、天气、空中交通管制或飞机机械故障等原因造成的不能按公布的时间正常飞行的航班，通常包括延误、提前起飞、取消或改变航程等情况，最主要的是航班延误。一般提到航班不正常，大多指航班延误。

### （一）航班不正常的原因

造成航班不正常的原因，可分为承运人的原因和非承运人的原因。其中，承运人的原因主要有机务维护、航班调配、商务、机组等造成的航班延误或取消，非承运人的原因主要有天气（见图4-24）、突发事件（见图4-25）、空中交通管制、安检及旅客等造成的航班延误或取消。

图4-24　极端天气导致航班延误

图4-25　鸟撞击飞机后航班返航造成延误

### （二）承运人在航班不正常时的责任和义务

（1）机务维护、航班调配、商务、机组等承运人的原因，造成航班在始发地延误或取消，承运人应按规定向旅客提供餐食或住宿等服务。

（2）天气、突发事件、空中交通管制、安检及旅客等非承运人的原因，造成航班在始发地延误或取消，承运人应当协助旅客安排餐食和住宿，费用由旅客自理。

（3）航班在经停地延误或取消，无论是何种原因造成的，承运人均应负责向经停旅客提供餐食或住宿等服务。

（4）航班延误或取消时，承运人应迅速及时地将航班延误或取消等信息通知旅客，并做好解释工作。

（5）承运人和相关保障部门应互相配合、各司其职，认真负责地共同保障航班正常，避免不必要的航班延误。

（6）航班延误或取消时，承运人应根据旅客要求，按规定认真做好后续航班安排或退票工作。如果旅客要求退票，应在始发地退还全部票款，在经停地对后续还未乘坐的航段进行全部退票，均不收取退票费。

（7）承运人只在因为延误给旅客造成损失的时候才需承担责任，如果未造成损失，承运人无须承担责任。另外，若旅客不能证明延误对自己造成损失，就不能要求承运人承担责任。因延误造成的损失必须为实际的经济损失，不包含旅客的精神损失。

### （三）航班不正常时旅客的膳宿安排

承运人应对航班不正常时旅客的膳宿安排作出明确规定。机场或航空公司应该至少每隔半个小时广播一次最新航班动态信息。

各航空公司自定义对外公示服务标准。例如：延误2小时以内的应提供饮料，如遇进餐时间，应提供餐食；延误超过4小时的，应提供专车送旅客前往指定宾馆休息。

### （四）航班不正常时的信息发布

民航局规定承运人应当每隔30分钟向机场管理机构、空管部门、地面服务代理人、航空销售代理人发布航班出港延误或取消信息，包括航班出港延误或取消原因及航班动态。

拓展阅读

## ▶《2023年民航行业发展统计公报》内容摘录

2023年，全行业完成旅客运输量61957.64万人次，比上年增长146.1%。国内航线完成旅客运输量59051.69万人次，比上年增长136.3%。

2023年，全国客运航空公司共执行航班467.17万班次，其中，正常航班410.19万班次，平均航班正常率为87.80%。2023年，主要航空公司共执行航班353.82万班次，其中，正常航班310.41万班次，平均航班正常率为87.73%。

2023年，全国客运航班平均延误时间为10分钟，比上年增加6分钟。

## 二、误机、漏乘与错乘

### （一）误机的定义及处理

误机是指旅客未按规定的时间办妥乘机手续，或因旅行证件不合规定而未能乘机。

旅客发生误机，可到乘机机场或原购票地点办理改乘航班或退票手续并承担相应手续费。

### （二）漏乘旅客的定义及处理规定

漏乘是指旅客在始发站办理乘机手续后或在经停站过站时由于各种原因未搭上指定的航班。

由于旅客原因发生漏乘，旅客要求退票，按误机有关规定办理。

由于承运人原因使旅客漏乘，承运人应尽早安排旅客乘坐后续航班成行。如旅客要求退票，在始发站还未开始旅行的应退还全部票款，在经停站应退还未使用航段的全部票款，不收取退票费。

### （三）错乘旅客的定义及处理规定

错乘是指旅客乘坐了与客票、登机牌不符的航班。

错乘主要是由于有关站在旅客登机时把关不严造成的，因此承运人应承担主要责任。

旅客错乘飞机，承运人应安排错乘旅客搭乘最早的航班飞往旅客客票上的目的地，票款不补不退。

由于承运人原因使旅客错乘，承运人应尽早安排旅客乘坐后续航班成行，如旅客要求退票，按非自愿退票办理。

## ▶ 东航摆渡车将乘客送错飞机　因登机口工作人员出错

【看看新闻网】2016年11月27日，东航MU2469航班从上海虹桥去武汉，但摆渡车把一车人送到了去厦门的航班，乘客登机后才发现上错飞机。

之所以会出差错，是因为登机口的工作人员给摆渡车驾驶员的任务单上写的是执飞厦门航班的飞机位置和飞机号码。

这一车六七十名旅客在抵达机坪准备登机时，被舷梯口的工作人员拦下。在经过短时等待并查清原因之后，这些旅客被送到了准备执行武汉航班的飞机下。

东航方面随后对此回应称，由于调度信息临时变化、信息传递滞后，出现摆渡车送错停机位的情况，对由此给旅客造成的不便深表歉意。

## 三、超售座位的处理

航空公司对外销售的座位数超过了航班实际承载的数量，称为超售。其主要是为了避免座位虚耗。

在客流多、航班密度大的航线上，各航班都允许有一定数额的超售，具体超售数额由航空公司座位控制部门掌握。航空公司的座位控制人员在工作中应认真细致、加强复核，掌握好航班关闭的时机，使之留有余地，控制在便于处理的范围之内。

**小贴士 ▼**

旅客订票后并未购买或购票后在不通知航空公司的情况下放弃旅行，从而造成航班座位虚耗。为了满足更多旅客的出行需要和避免座位的浪费，航空公司会在部分容易出现座位虚耗的航班上进行适当的超售，这也是国际航空界的通行做法。

无论何种原因造成的座位超售，都将给旅客带来不便。承运人有责任采取一切可能的措施，减少旅客的损失和维护航空公司的声誉。如果较低等级客舱座位超售、较高等级的客舱座位不满，可根据非自愿提供座位等级的规定，免费为旅客提供高一等级的舱位；在较高等级舱位超售、较低等级舱位有空余时，按非自愿降低座位等级安排旅客，为旅客提供低一等级的舱位，并退还高等级舱位与低等级舱位之间的差价。

当座位超售难以内部解决时，解决办法为：询问是否有自愿搭乘晚一些航班或自愿取消行程的旅客；若没有自愿取消行程的旅客，各航空公司优先登机排序不同，一般为特殊旅客及VIP优先。按旅客种类优先，不按客票折扣排先后顺序。

安排时，应根据旅客的缓急情况及订座购票的先后，先考虑运输国内的旅客，再考虑运输国外的旅客，并注意照顾联程旅客。

对因超售座位而被迫改换班机的旅客，应由主管领导说明情况并致歉，在最近的航班上优先安排订座。如果旅客已购票或已办理座位再证实手续，应按照非自愿变更的原则，为旅客提供免费食宿服务。

**行业案例**

【澎湃新闻】2021年2月20日，由广东广州飞往柬埔寨金边的LQ909航班因超售致部分旅客滞留机场，引发关注。

20日晚，负责此次航班售票的澜湄航空发布微博称，经核实，因市场座控人员的工作失误，造成该航班部分旅客无法按期出行，他们对此表示歉意。

针对受影响旅客，澜湄航空现场工作人员已提供全额退款或免费改签，同时对每位旅客给予1200元人民币补偿，并为改签旅客安排免费食宿。

澜湄航空表示，他们也将以此为鉴，进一步规范操作流程，加强人员培训及管理，尽全力保障旅客权益。

## 四、无票乘机旅客的处理

旅客一般不会出现无票乘机的情况，但有时由于旅客对航空运输的规章制度不够了解，也会出现无票乘机或使用无效客票乘机的情况。

由于一些旅客对乘机常识不了解，有时会出现旅客携带的婴儿和儿童未购买机票的无票乘机情况。对于未满2周岁的婴儿无票乘机，应按婴儿票价补收票款，不提供座位。对于2周岁以上12周岁以下的儿童无票乘机，在航班有空余座位的情况下，可补收相应票款并提供座位让其随已购票的成人旅行。若航班不能提供座位，应拒绝其乘机，成人要求退票的，根据自愿退票规定办理。

对使用无效客票（如冒名使用的客票）乘机的旅客，若在始发站发现，应拒绝其乘机；若在经停站发现，应终止其乘机，同时补收自始发站至经停站的票款；若在到达站发现，应补收自始发站至到达站的票款，并视情节轻重交有关单位处理。

【北京青年报】2017年7月16日，由北京飞往上海的吉祥航空HO1252次航班上，一名4岁小孩在未购票的情况下登机，致使该航班的全体乘客不得不重新安检。与该名未购票小孩同行的包含小孩在内共5人，其中2名成人、3名儿童。同行人中只有4岁小孩未购票。

2名成人中的一位男子向工作人员解释称，以为1.2米以下的孩子不用买票，并提出"现在可以补票"。工作人员表示无法补票后，未购票的小孩及同行人员被要求下机。

随后，同机的其他乘客也被要求下机重新安检，原定6:55起飞的飞机延误到11:59才重新起飞。

## 五、承运人对旅客及其行李的拒绝运输权

承运人出于安全原因或根据其认定属于下列情况之一的，有权拒绝运输旅客及其行李。由此给旅客造成的损失，承运人不承担责任。

（1）未遵守始发地、经停地、目的地或飞越国家的有关法律及其他规定。

（2）旅客的行为、年龄、精神或身体状况不适合旅行，或者可能给其他旅客造成不舒适，或者可能对旅客本人或其他人员的生命财产造成危险或危害。

（3）旅客未遵守承运人的有关规定。

（4）旅客拒绝接受安全检查。

（5）旅客未按规定支付适用的票价及有关费用。

（6）旅客不能证明本人即是客票上"旅客姓名"栏内载明的人。

（7）旅客未能出示有效的旅行证件。

（8）旅客可能在过境国寻求入境，可能在飞行中销毁其证件或不按照承运人要求将旅行证件交机组保存。

各航空公司对拒绝运输旅客及拒绝后的客票处置规则设定不同，按航空公司具体规定办理。

**思考与练习**

**一、基础训练**

1. 什么是航班不正常？在出现航班不正常后，什么情况下可对为旅客提供的食宿服务收取费用？

2. 误机和漏乘有何区别？

3. 对错乘旅客如何处理？

4. 座位超售时，非自愿改变舱位等级有何规定？

## 二、案例分析

1. 某航班旅客在首都机场T2航站楼开始登机，一名女孩在飞机客舱内快走到自己座位时问同行的男友身上是不是有炸药包，男友当时并未作出反应。女孩重复询问，并使眼色给男友。男友会意后，自称身上有炸药包。乘务长听到这对情侣的谈话后，立刻到他们座位旁边进行确认，得到的答复仍是"我身上带了炸药包"。乘务长向机长反映了这个情况，机长立即联系运控调度报警。上午10时28分，警察上飞机后，这对情侣仍若无其事地谈话。后经查实，所谓"炸药包"只是两个人特意在"愚人节"这天开的玩笑。随后，机场公安将这对情侣带离飞机，进行了批评教育，并按照"旅客不得在航空器上散布恐怖信息"的治安管理规定，予以每人500元的经济处罚，仍让其搭乘该航班离京。为保障旅客人身安全，对该航班进行了清舱，在彻底排除安全隐患的情况下，直到上午11时54分，该航班才从北京起飞。

本案例中，承运人的做法有无过错？是否需要对其他旅客进行赔偿？

2. 首都机场T2航站楼候机大厅内，因某航空公司一航班延误，造成上百名旅客滞留。部分旅客由于情绪激动，与航空公司工作人员发生肢体冲突，冲突中一名旅客头部受伤流血。延误到次日凌晨3点半，该航班才起飞，但受伤旅客留在了北京。据悉，航班延误后，航空公司一直不向旅客解释确切原因。在旅客的强烈要求下，航空公司才有人出面向旅客解释航班延误原因，但始终闪烁其词，进一步激起了旅客心中的不满。作出解释后，工作人员便要转身离去。此时一名旅客上前拦住工作人员，工作人员将旅客推开，在他走出十几米后又被旅客追上，双方随后发生肢体冲突。

你认为工作人员处理得当吗？如果你是工作人员，当时会如何处理？

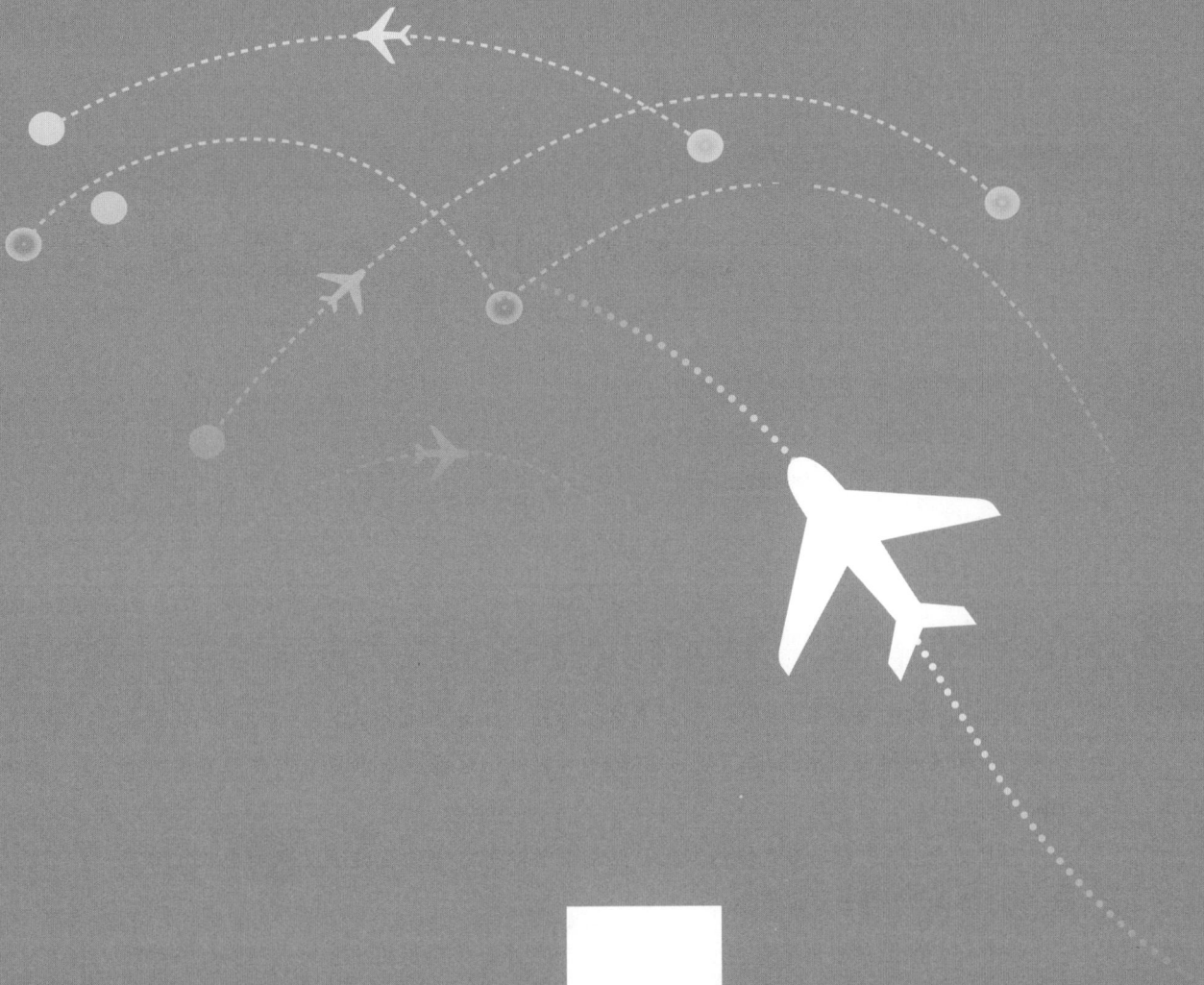

# 旅客运输的责任与赔偿

## 任务一
## 航班延误的责任与赔偿

学习
任务

1. 理解航班延误的概念。
2. 理解并熟记航班延误的各种原因。
3. 了解航班延误违约责任的承担方式。
4. 熟记航班延误的实际处理方法。

案例
引入

### ▶ 南航海口—北京班机延误　150多名旅客滞留21小时

2020年12月22日晚上7时30分，150多名旅客在海口美兰机场准备乘坐CZ6365航班去北京，不料飞机不能准时上客。至23日下午4时30分，这些旅客在海口整整滞留了21个小时。

23日下午4时左右，滞留的旅客已经非常不耐烦了。他们情绪激动地和南航方面交涉，要求其出面解释并作出赔偿。

旅客们称航空公司由于自身的原因造成航班延误，给他们造成了很大损失，必须作出合理的赔偿。对于航班延误原因，南航方面一直不能给旅客一个确切的说明和解释。

由于在赔偿的问题上达不成一致意见，旅客们情绪激动，声称要投诉南航。直至记者于23日下午4时30分离开美兰机场时，南航方面和滞留旅客仍僵持不下。

据悉，中国民航局规定航班延误4个小时以上应给予赔偿，但目前南航没有该方面的细则。此前南航曾在有关媒体上承诺：自身原因造成航班延误4～8小时，赔偿每位旅客100元；延误8小时以上赔偿200元。

《航班正常管理规定》（以下简称《规定》）于2016年7月23日正式发布，并于2017年1月1日起正式实施。广受业界和社会关注的《规定》是民航局第一部规范航班正常工作的经济类规章，从航班正常保障、延误处置、旅客投诉管理、监督管理、法律责任等各个方面进一步明确了航空公司、机场、空管等航空运行主体的责任，为维护乘客合法权益、保障正常航空运输秩序提供了法律依据。

## 一、航班延误的定义

航班延误是指航班实际到港挡轮挡时间晚于计划到港时间超过15分钟的情况。

航班出港延误是指航班实际出港撤轮挡时间晚于计划出港时间超过15分钟的情况。

航班取消是指因预计航班延误而停止飞行计划或因延误而导致停止飞行计划的情况。

机上延误是指航班飞机关舱门后至起飞前或降落后至开舱门前，旅客在航空器内等待超过机场规定的地面滑行时间的情况。

大面积航班延误是指机场在某一时段内一定数量的进、出港航班延误或取消，导致大量旅客滞留的情况。某个机场的大面积航班延误由机场管理机构根据航班量、机场保障能力等因素确定。

航班延误影响着航空公司的运行效率和服务质量，一般使用准点率来衡量承运人的运输效率和运输质量。准点率又称正点率、航班正常率，是指航空旅客运输部门在执行运输计划时，航班实际出发时间与计划出发时间较为一致的航班数量与全部航班数量的比率。

"延误"一词由"延"和"误"两个字构成。对民航运输中的延误概念，国际公约、《中华人民共和国民用航空法》(简称《民用航空法》)及相关的法规、规章中并没有作出界定。我国有学者认为延误是指承运人未能按照运输合同约定的时间将旅客、行李或货物运抵目的地。而在生活中，当我们乘坐飞机前换登机牌时，会看到登机牌上只注明了出发时间，并未注明到达时间。实践中无法判断是否按约定时间运抵目的地。尽管承运人航班(班期)时刻表上注明了到达时间，但这只是一种预期时间，并非合同约定的到达时间。国际航空运输协会起草的被各国航空公司普遍采纳的《旅客行李运输的一般条件》文件中，承运人承担的只是"尽最大努力合理地迅速运送旅客及行李"的义务，班期时刻表上或其他地方所显示的时间是不能被保证的。国际航空运输协会至今也没有把班期时刻表当作运输合同履行的组成部分。因此，以未按约定的时间到达来界定延误是不准确的，旅客也不能因为航班超过班期时刻表到达就认定航班延误。

延误既可能发生在始发地，又可能发生在经停地，还可能发生在飞行途中。由于运输合同中约定了始发时间，因此只要未按照合同约定时间离站即可判断为延误。由于目前民用航班的航线确定，飞行的时间主要取决于飞行距离，一旦在经停地点延误了，那么必然会最终迟延到达目的地。发生在飞行途中的延误主要是在飞行中因天气、航空管制、机上突发事件或其他特殊原因并未飞向目的地，或返航或降落在其他地点。因此，在界定延误时，既要包括始发地的延误，也要包括目的地的延误(经停地、飞行途中的延误最终也表现为目的地的延误)。

综上所述，可以将航班延误定义为：民航运输中，承运人未承载旅客、行李或货物按合同约定的时间离站或不合理地延迟运抵目的地的行为。

## 二、航班延误的原因

航班延误是一种违约行为，承运人应对其承担相应的民事法律责任，除非出现免责情况。对此，《民用航空法》及《华沙公约》均指出"承运人证明本人或其受雇人、代理人为了避免损失的发生，已经采取一切必要措施或不可能采取此种措施的，不承担责任"。其中"一切必要措施或不可能采取此种措施"暗示了发生不可抗力时免除承运人责任。民航运输有其特殊性，要分析哪些情况构成延误责任免除的不可抗力，有必要结合民航运输实际分析航班延误的主要原因。

造成航班延误或取消的原因很多也很复杂，主要分承运人的原因和非承运人的原因。

（一）承运人的原因

由于承运人过失造成航班延误的主要原因有：航班安排过满（包括超售），运力备份不足；航班计划安排不合理；机组调配不及时；机械故障，维修水平差；旅客服务差；等等。

（二）非承运人的原因

非承运人过失引起航班延误的原因很多，主要分成以下五类。

1. 天气原因

天气原因实际包含了很多种情况：出发地机场天气状况，如能见度、低空云、雷雨区、强侧风；目的地机场天气状况，如能见度、低空云、雷雨区、强侧风；飞行航路上的气象情况，如高空雷雨区；机组状况，如机组技术等级、能否通过分析当前气象及趋势作出专业的决策；飞机状况，如机型针对气象条件的安全标准、在符合安全的前提下某些机载设备失效导致飞机不宜在该天气状况下飞行；因恶劣天气导致的后续状况，如机场导航设施受损，跑道不够标准如结冰、严重积水等。

2. 突发事件原因

突发事件是指发生自然灾害、战争、罢工等事件造成机场关闭。

**行业案例**

## ▶因天气影响航班延误　旅客在长水机场打横幅"维权"

【昆明信息港】7月29日上午，奥凯航空公司一航班因天气原因延误，搭乘该航班的部分外地旅客滞留在昆明长水机场，他们在候机大厅内拉起印有"宁做马来鬼，不做奥凯客！我要回家""宁去马来，不来昆明"等字样的横幅。

奥凯航空公司北京总部的相关负责人表示，136名旅客搭乘BK2798航班从昆明飞往长沙，预计于7月28日21点50分起飞。但受西双版纳地区雷雨天气影响，该公司的昆明飞西双版纳的BK2743航班延误。西双版纳飞昆明的BK2798航班顺延了近3小时后，于7月29日0点44分才降落昆明长水机场，按计划执行后续昆明飞长沙航班。

其间，部分旅客情绪激动，不仅不登顺延后的飞机，还要求航空公司当晚安排酒店住宿，将飞往长沙的航班改为29日8点，并按照13小时延误的赔偿标准给予赔偿。

7月29日0点30分，部分旅客非但不听解释不愿按照调整时间登机，还煽动100名旅客从登机口前往安检口，用行李推车堵住安检口，不让其他航班的旅客过安检。公安部门派出大量警力，才确保受影响的川航旅客通过安检。1点45分左右，航空公司提出补偿每人200元交通补助，并承诺旅客到长沙后如果回家不方便，可以提供酒店住宿，但部分旅客仍不同意。2点，其中的103名旅客还是不依不饶，航空公司被迫作出裁客决定，并请这些旅客去酒店休息，安排后续改签航班。但这些旅客不愿意前往酒店，在安检口外用行李推车排成一列，堵住安检口。

29日6点左右，航空公司协调KY8279、KY8263、8L9879航班共计63个座位，安排滞留旅客改签，约50名旅客办理了改签手续。但是9点多，部分未改签的旅客又在安检口拉起横幅，持续了近半分钟时间，最终被机场公安制止，横幅被没收。当天11点左右，航空公司通知机场为旅客安排午饭。吃完午饭后，约30名旅客提出愿意改签，工作人员立即帮其改签KY8262、ZH9256航班。16点左右，仍有22人没有改签。航空公司工作人员安排他们前往酒店休息，并帮其改签当日的BK2798航班。19点30分左右，仍有3人没有改签，航空公司安排其再在酒店住一晚，并帮其改签7月30日的航班。

### 3. 机场方面原因

现行一些机场技术能力欠缺，综合保障能力不强，存在跑道少、设备差、停机坪不足、登机口少、摆渡车少等问题，这些都会影响到航班正常起飞。另外，如果当地出现一些特殊情况致使机场关闭，也会导致航班延误。

从机场方面来看，承运人与机场签订了服务协议，由机场提供飞机起降场地、后勤保障、旅客通行等服务。如果因为机场后勤保障不力导致航班延误，依照《中华人民共和国民法典》(简称《民法典》)第593条规定"当事人一方因第三人的原因造成违约的，应当依法向对方承担违约责任。当事人一方和第三人之间的纠纷，依照法律规定或者按照约定处理"。也就是说，承运人应向旅客承担航班延误的违约责任。排除承运人不能预见、不能避免并且不能克服的情况，如机场关闭、安检问题等属于不可抗力范畴。

### 4. 航空管制原因

为确保空中航行的安全，有时要进行空中流量的控制，或因重要飞行、科学实验、上级发出禁航令等而实施空中管制，这些也会影响到航班的正点运行。

### 5. 旅客原因

由于旅客引起航班延误的原因主要有以下五种。

(1)旅客缺乏乘机知识，到达机场较晚，又不太清楚办理乘机手续的程序，办理乘机手续后不能按时登机。

(2)进行安全检查时，如果出现一些异常情况导致旅客不能正常安检、及时登机，也会引发航班延误。

(3)有的旅客违反规定携带超大行李登机，占用客舱过道，使登机过程延长。处理争执费时或需要重新办理行李托运手续等都会造成飞机不能按时起飞，引发航班延误。

（4）旅客在候机厅未听见登机通知，造成寻找该旅客而使航班延误。发生旅客漏乘时，按规定必须将该旅客已交运的行李从飞机上卸下来，行李的确认和卸机费时也会影响航班正常运行。

（5）旅客的东西丢失，因寻找东西而影响登机。

因为旅客自身的原因而导致航班延误的，该旅客不但不能追究承运人的违约责任，还可能应向其他旅客作出赔偿。

拓展阅读

## ▶旅客原因导致航班延误的常见情形

旅客本身是导致航班延误的主要原因之一。那么，旅客的哪些行为和举止容易影响航班正常起飞？下面就向大家介绍六种旅客导致航班延误的常见情形。

情形一：旅客晚到，在航班办理登机手续截止时间之后才赶到。

为了方便旅客，机场和航空公司会提供相应服务，尽量帮助晚到的旅客顺利赶上航班，但这也势必造成航班的延误。从某种程度上来说，这些服务也助长了部分旅客习惯性晚到的不正之风。

情形二：通知登机时旅客不辞而别，尤其是直达旅客在飞机经停机场时擅自离开，严重影响航班正常起飞。

为了保证广大旅客的安全，一旦旅客不辞而别或因其他原因没有登机，就必须确认该旅客没有在飞机上遗留任何物品。航空公司需要将该旅客所交运的行李从飞机上卸下，以免发生旅客和行李不在同一地点的情况。即使该旅客没有托运行李，也要对客舱及所有托运行李进行全面检查。

情形三：在通知登机后，一些旅客往往要拖到临近飞机起飞时间才登机。

在繁忙的机场，如果航班能早一分钟结束登机，机组就可早一分钟向航空管制部门提出离港申请，这有可能使飞机起飞时间提前几分钟甚至更多。但有些旅客却认为，只要办好登机手续，飞机就一定会等旅客。如果旅客拖到临近飞机起飞时间才登机，机组势必较晚才能提出离港申请，那么航班延误的可能性就会增加。

情形四：旅客办完登机手续后在候机楼内购物、看书、打电话、用餐，并不注意听登机广播，导致机场方面不断广播找人，飞机不得不等待，旅客最终也可能误机或无法成行。

情形五：国际中转航班的旅客办理出入境手续时，由于证件等问题耽误时间。

海关边检等相关部门依规定进行严格的出入境检查，出于安全考虑，这些检查有时需要较长时间。一旦发现旅客证件不合格，该旅客将无法继续登机，其所交运的行李等将被找出并卸下。由于是过站旅客，没有交运行李的具体清单，执行这个工作就要花费时间。

　　情形六：旅客因服务问题出现霸占飞机或拒绝登机等过激行为。

　　近期，旅客霸占飞机或拒绝登机等过激行为导致航班延误的事件越来越多。旅客在采取过激行为维护自身利益的同时，也在侵害后续航班旅客的利益。同时，霸占飞机等过激行为已属违法行为。

　　2004年7月1日，中国民航总局出台《航班延误经济补偿指导意见》，主要内容如下。

　　（1）航空公司因自身原因造成航班延误的标准分为两个：一个是延误4小时以上、8小时以内；另一个是延误8小时以上。出现这两种情况，航空公司均要对旅客进行经济补偿。

　　（2）补偿可以通过现金、购票折扣和返还里程等方式予以兑现。

　　（3）在航班延误的情况下，为了不再造成新的延误，经济补偿一般不在机场现场进行，航空公司可以采用登记、信函等方式进行。

　　（4）机场应该制止旅客在航班延误后采取"罢乘""霸机"等方式影响后续航班的正常飞行。

　　《航班正常管理规定》第三十三条：发生机上延误后，承运人应当每30分钟向旅客通告延误原因、预计延误时间等航班动态信息。由于流量控制、军事活动等原因造成机上延误的，空管部门应当每30分钟向承运人通告航班动态信息。

　　第三十四条：机上延误期间，在不影响航空安全的前提下，承运人应当保证盥洗设备的正常使用。机上延误超过2小时（含）的，应当为机上旅客提供饮用水和食品。

　　第三十五条：机上延误超过3个小时（含）且无明确起飞时间的，承运人应当在不违反航空安全、安全保卫规定的情况下，安排旅客下飞机等待。

　　第三十六条：机场管理机构、地面服务代理人应当协助承运人做好机上延误时的各项服务工作。

## 三、航班延误违约责任的承担方式

### （一）赔偿损失

　　赔偿损失责任的归责原则是过错推定的原则，即由承运人证明自己已经采取了一切必要措施或不可能采取此种措施，但最终仍造成了旅客的损失，对此损失应承担赔偿责任。《民用航空法》虽然规定了航班延误应当赔偿，但是对赔偿什么损失、赔偿多少损失并没有具体规定。《航班延误经济补偿指导意见》指出，航空公司应依照航班延误的时间和原因对旅客进行经济补偿。然而，该文件既不是国务院制定的行政法规，也不是民航局制定的部门规章，并不具有法律效力。而且"赔偿"与"补偿"虽一字之差，却有天壤之别，该文件不能作为航班延误具体赔偿的规定。

　　根据国际惯例，航班延误赔偿的内容只是实际经济损失，赔偿的范围一般包括：旅客在等候另一航班过程中所支出的特殊费用，旅客耽误乘坐下一经停地点航班的损失，旅客购买另一航空公司机票而额外支出的票款。

## （二）继续履行

继续履行责任采取无过错归责原则，根据《民法典》的规定，能够继续履行而守约方又要求继续履行的，违约方应承担继续履行的违约责任。航班发生延误后，旅客不愿意承运人继续履行运送义务的，可以退票；要求继续履行的，承运人应及时为旅客改签后续班次其他承运人的航班。对此，《中国民用航空旅客、行李国内运输规则》第19条和第23条作了规定。

## （三）采取补救措施

《民法典》第577条指出："当事人一方不履行合同义务或者履行合同义务不符合约定的，应当承担继续履行、采取补救措施或者赔偿损失等违约责任。"采取补救措施主要是针对履行义务不符合约定或者避免损失的发生。在航班延误时，采取补救措施主要是及时安排班次满足旅客尽快成行的要求，尽全力采取措施避免延误损失的发生，具体内容与上述"继续履行"的内容重合。

## （四）支付违约金

《民法典》第585条规定："当事人可以约定一方违约时应当根据违约情况向对方支付一定数额的违约金，也可以约定因违约产生的损失赔偿额的计算方法。"

目前在民航客运中，极少有事先约定航班延误违约金的情况，航空公司制订并对外公布的"服务承诺"可以视为对违约金的认可，遵照其执行。例如，深圳航空公司于2004年7月公布了《深航顾客服务指南》，承诺对于因自身原因造成的航班延误给予旅客经济补偿。这个补偿的金额经深圳航空公司向社会公众承诺，就可以视为对其违约行为给予的违约金。

另外，在整个合同履行的过程中，义务人均应承担通知、协助及保密的附随义务。出现航班延误，承运人也应履行附随义务，即及时告知旅客延误的原因、何时能成行等信息，提供或协助旅客解决食宿等问题。对此，《中国民用航空旅客、行李国内运输规则》第57条至第60条也有相应的规定。

**行业案例**

## ▶航班延误应赔旅客多少钱，谁说了算

【界面新闻】当乘客在候机楼等待起飞时，很怕听到航班延误或取消的消息。这不仅意味着接下来的行程会被打乱，可能还要处理航班延误补偿事宜，不正常航班服务也是消费者投诉最为密集的领域。

多年来，在民航局通报的航空运输消费者投诉情况中，不正常航班服务往往占据投诉类型第一位，并且在数量上呈现逐年递增趋势。2018年民航局受理消费者对国内航空公司的投诉16894件，不正常航班服务6653件，占39.38%；2019年民航局受理消费者对国内航空公司的投诉24303件，不正常航班服务11744件，占48.32%。

《中国消费者报》刊登一篇报道《航班延误少于4小时，南方航空拒绝补偿，法院判赔1400元》，再次掀起公众对航班赔付问题的关注与讨论。

北京市朝阳区人民法院公布一份南方航空旅客运输合同纠纷民事判决书。2020年5月12日，郭先生购买了南航6月2日18时30分北京飞往广州的机票，票价970元，还购买了当天23时5分广州飞往湛江的机票，同样为南航航班，票价370元。

没想到郭先生在首都机场登机后，因为机械故障导致飞机延误，航班实际到港时间为3日1时52分。郭先生未能乘坐上后续广州至湛江的航班，只能搭载出租车自广州前往雷州，花费车费1929元。

因双方没有就赔偿金额达成一致，郭先生将南航告上法院，要求赔偿机票损失、打车费、健康损失等共计1万元。南航方面称，旅客两段航班不属于联程票且航班延误少于4小时，不同意郭先生全部诉讼请求。最后法院审理认为，旅客有权就违约行为索赔，判令南航赔偿车费损失1400元。

郭先生的遭遇并非个例，在一些消费者维权网站上，关于航班延误的投诉比比皆是。只是导致航班延误的原因不同，旅客受到的影响及承担的经济损失程度也不一样。

## 四、航班延误的实际处理方法

航班延误后，为了缩短延误时间、减少因延误造成的影响，航空公司各业务部门和空勤组应积极配合，尽量缩短过站经停时间。

由于天气等原因造成航班大量延误、旅客大量滞留的，旅客服务部可根据情况决定是否办理未开办航班的乘机手续，并疏散旅客。但对外已公布延误的航班，不得早于公布起飞时间前30分钟停止办理乘机手续。飞机不在本站的航班取消后，已安排旅客住宾馆的，应待明确起飞时间（得到后方站的起飞信息）后方可通知送旅客到机场。两站间飞行时间不足1小时的除外。

《民用航空法》第126条规定："旅客、行李或者货物在航空运输中因延误造成的损失，承运人应当承担责任；但是，承运人证明本人或者其受雇人、代理人为了避免损失的发生，已经采取一切必要措施或者不可能采取此种措施的，不承担责任。"《中国民用航空旅客、行李国内运输规则》第58条规定："由于天气、突发事件、空中交通管制、安检以及旅客等非承运人原因，造成航班在始发地延误或取消，承运人应协助旅客安排餐食和住宿，费用可由旅客自理。"《民法典》第590条规定："当事人一方因不可抗力不能履行合同的，根据不可抗力的影响，部分或者全部免除责任，但法律另有规定的除外。……当事人迟延履行后发生不可抗力的，不能免除其违约责任。"

### （一）航班延误始发站的处理

#### 1. 通知旅客

如果在旅客前往机场办理乘机手续前提前得知航班将延误超过60分钟或将取消，由售票处根据旅客订座单的联系电话通知旅客航班变更时间。如果售票处无法与已购票旅客取得联系，则告知机场内的地面代理值机部门，使值机部门按原定办理乘机手续时间在柜台等候旅客，并向旅客说明情况，作出相应处理。

2. 先办理值机手续再通知旅客

旅客进机场后，如果无法由售票处提前通知旅客航班延误信息，则按原定时间为旅客办理值机手续。办理值机手续后，通知旅客航班延误情况。

（二）旅客登机后发生延误

旅客登机后发生延误的情况，有以下处理方式。

（1）如果旅客登机后发生延误或飞机起飞后返航，应立即向各有关部门询问航班将延误的时间。

（2）如果延误时间较长，应与值班领导和机长商议，决定旅客是在机上等候还是下机休息。

（3）航空公司地面工作人员应督促和协助地面代理方的工作人员按公司规定执行。

（4）如旅客需要，可为旅客向到达站发电通知给前往迎接的人员，告知航班延误到达或更改到达时间等信息。

（5）如果因航班延误需在当地过夜，航空公司应负责送旅客至宾馆并为旅客预订好房间，以及告诉旅客航班起飞的新时间和到宾馆接旅客的时间，或者告诉旅客航空公司联系电话或联系部门、负责人等信息。

（6）填写旅客服务申请单，还可以提供已付费的餐券，以便于旅客食宿。同时应向旅客表示歉意并做好航班延误的解释工作，以避免误会。

（7）客舱服务要求（当旅客在航班延误期间留在机舱内等候时）：航班延误初期，应首先使用由地面提供的快餐和饮料，暂时不要动用机上配餐；航空公司地面工作人员应及时向机组了解机上的配备情况，以便随时增加机供品，减少航班延误时间。在延误的后阶段，可在机长同意下供应机上的配餐和饮料。

（三）为旅客安排其他航班或改乘其他交通工具

1. 航班安排顺序

为了减少旅客的不安与不便，应根据当天航班动态为旅客安排最早离站的航班，航班安排可按以下顺序。

（1）承运人公司的航班。

（2）与承运人公司联营的航班。

（3）承运人公司作为地面代理的航班。

（4）安排旅客改乘其他交通工具。

2. 改乘其他交通工具应考虑因素

为了减少公司的损失和旅客的不便，如果航班延误时间过长，无法较理想地安排旅客改乘其他航班，也可按旅客要求改乘其他交通工具，安排时应考虑以下因素。

（1）旅客的舒适与安全。

（2）承运人应能按规定对旅客及其行李负责任。

（3）辅助服务。

（4）与售票处联系，替旅客取消原定酒店或续程航班并重新预订酒店。

## （四）到达站的处理

延误航班到达站的处理具体如下。

（1）地面工作人员应督促和协助地面代理方的工作人员随时认真查阅各后方站（含始发站和经停站）发来的航班动态电报，并采取相应行动，如通知（广播）航班延误到达消息等。

（2）如果所延误航班将影响旅客在始发站已订妥的续程航班，应按后方站发来的指示为旅客重新订座。

### 思考与练习

一、基础训练

1. 造成航班延误的原因有哪些？

2. 航班延误的实际处理应从哪些方面考虑？

二、案例分析

1. 南昌的张先生说自己乘坐的太原飞往南昌的航班原本13时10分起飞，但由于天气原因一直延误，直到18时，航空公司突然通知该航班取消了。张先生说："我明天还有事，现在航空公司给我退票，但第二天的飞机已满员，该怎么回去啊？"

讨论本案例中发生的情况，承运人应该如何处理这起航班延误事件？

2. 航班晚点抵达机场后，其他旅客陆续下机，但有3名旅客坐在座位上一动不动，并以"航班晚点"为由跟航空公司"漫天要价"。经查明，航班延误是由天气原因造成的，属于不可抗因素。对此，航空公司坚决表示不赔偿。面对这样的回复，3名旅客不予认同，并且采取霸机行为，一坐竟长达4小时。最终，在机场公安的协助下，3名旅客才被"请"下飞机。

作为旅客，在面对航班延误时应该采取哪些措施维护个人利益？作为航空公司，在航班延误后又该如何更好地处理？

# 任务二
# 旅客人身伤害的责任与赔偿

1. 了解航空运输承运人赔偿责任限额。
2. 了解乘客购买机票后可享受的权利。
3. 熟悉并理解发生空难后航空公司承担的法律责任。
4. 了解空难遇难者及家属将会得到的赔偿。

空难、延误、行李丢失、航空保险等一直是我国航空消费领域的热点问题，也是最需要法律支持的问题。

## 一、我国对于航空运输中出现安全事故的规定

航空运输承运人赔偿责任限额是指承运人对于航空运输中发生的损害承担赔偿责任的金额是有限度的，承运人在规定的限额内按照造成的实际损害负责赔偿，实际损害超过限额的部分则不予赔偿。2006年2月28日颁布的《国内航空运输承运人赔偿责任限额规定》的具体内容如下。

第一条  为了维护国内航空运输各方当事人的合法权益，根据《中华人民共和国民用航空法》（以下简称《民用航空法》）第一百二十八条，制定本规定。

第二条  本规定适用于中华人民共和国国内航空运输中发生的损害赔偿。

第三条  国内航空运输承运人（以下简称承运人）应当在下列规定的赔偿责任限额内按照实际损害承担赔偿责任，但是《民用航空法》另有规定的除外：

（一）对每名旅客的赔偿责任限额为人民币40万元；

（二）对每名旅客随身携带物品的赔偿责任限额为人民币3000元；

（三）对旅客托运的行李和对运输的货物的赔偿责任限额，为每公斤人民币100元。

第四条  本规定第三条所确定的赔偿责任限额的调整，由国务院民用航空主管部门制定，报国务院批准后公布执行。

第五条  旅客自行向保险公司投保航空旅客人身意外保险的，此项保险金额的给付，不免除或者减少承运人应当承担的赔偿责任。

第六条  本规定自2006年3月28日起施行。

## 二、乘客购买机票后应享有的权利

根据《民法典》的相关规定，乘客购买了机票或车票后，客运合同即成立，承运人就要将乘客及其行李安全送达目的地，应当保证乘客在运输途中免受各种损害。对于运输途中乘客所受各种损害，除法律规定的免责事由（因不可抗力、自然灾害、乘客自身原因造成的情况）外，承运人均应承担违约责任。乘客应享有的权利具体包括以下内容。

（1）有权获知不能正常运输的重要事项和安全运输应当注意的事项。如因大雾、道路塌方导致承运人不能按照客运合同的约定正常运送乘客的，承运人应及时告知乘客。

（2）有权要求承运人将其准时安全运送至约定地点并按规定免费携带一定数量的行李。如果承运人没有按照客票上载明的时间和班次运输乘客，也就是迟延运输乘客时，承运人应当采取以下措施进行补救：一是安排乘客改乘其他班次；二是予以退票，即将票款退还给乘客。

（3）有权在遭遇患急病、分娩或遇到其他危险时获得承运人的救助。虽然乘客在运输途中患急病、分娩等属于自身的原因，但是由于乘客当时身处运输工具上，无法及时就医，承运人如不及时救助，乘客就有可能发生生命危险。

（4）有权在人身伤亡或者其行李毁损、丢失时要求承运人赔偿。

## 三、航空公司在发生空难时应承担的法律责任

第一，发生空难后，根据受害对象的不同，航空公司应承担的法律责任可以分为合同法律责任和侵权法律责任。

对于已经同航空公司形成了合同法律关系的乘客来说，航空公司承担的是违约的法律责任。而对于遭到伤害的地面第三人来说，航空公司承担的赔偿责任是侵权责任。

例如，2004年的包头空难不仅夺走了55条鲜活的生命，也对飞机失事地包头南海公园的湖水造成严重污染。中国环境科学院提供的《生态环境影响调查报告及环保方案设计书》中认定：东航云南公司的此次空难事故造成南海公园的水系严重污染，生态系统受到严重破坏，总体水质恶化，石油类污染随时间推移而不断加重。空难事故对南海公园造成的环境影响、公众心理影响和生态破坏的经济损失达1.052亿元。2006年9月29日，南海公园和东航达成协议，东航赔偿南海公园管理处经济损失人民币2140万元。这也是迄今为止第一例因空难造成湖水污染的赔偿案。随着我国法治建设的进步，我们对环境保护的认识程度也提高到了更高的水平。

第二，航空公司对于不可抗力或者乘客自身造成的空难或乘客的人身伤害是否还要承担责任的问题，需要区分来看。

在不可抗力的情况下，根据我国签署的《蒙特利尔公约》，对于旅客伤亡的损害赔偿在10万特别提款权以下的，承运人承担责任，即不论承运人是否有过错，也不论是否发生不可抗力或意外事故，承运人都应当承担责任，除非是由于旅客自己的原因造成的，这是第一梯度。在第二梯度下，如果索赔人提出的索赔额超出10万特别提款权，《蒙特利尔公约》采用的仍然是《华沙公约》确定的推定过错原则，即如果承运人证明自己没有过错或者证明伤亡是由于第三人的过错造

成的，可以不承担损害赔偿责任，否则必须承担责任。

第三，要确定对空难罹难者家属及受伤乘客的赔偿，首先要确定他们所乘坐的航班的性质，即是国际航空运输还是国内航空运输，然后根据不同的性质适用不同的法律，确定赔偿数额。

在航空旅客运输过程中，如果造成旅客伤亡，会因适用法律的不同而导致不同的赔偿结果。就对航空运输进行规范的法律而言，主要是各国国内法律的规定和国际条约的规定。国际条约方面，目前主要是《华沙公约》及修正或补充《华沙公约》的包括《海牙议定书》在内的一系列条约和议定书。《华沙公约》及《海牙议定书》适用于国际航空运输，公约中规定的国际航空运输与我们日常所说的国际航线的含义是不一样的。

根据《华沙公约》及《海牙议定书》的规定，国际航空运输是指根据各当事人所定的合同约定，不论在运输中有无间断或转运，始发地点和目的地点是在两个缔约国的领土内或者在一个缔约国的领土内，而在另一个缔约国甚至非缔约国领土内有一个约定的经停地点的任何运输。如果没有这种约定的经停地点，在同一缔约国领土内两个地点之间的运输不被认为是国际运输。

例如，一位居住在中国的具有中国国籍的旅客在北京搭乘国航的班机飞往纽约，那么并不因为该旅客和航空承运人（国航）都具有中国国籍，而是他们之间的航空运输合同关系受中国有关的合同法律支配。在这种情况下，他们之间的航空运输合同关系也应当适用《华沙公约》。对于国际航空运输，《华沙公约》规定的赔偿数额是125000金法郎，《海牙议定书》规定的对每名旅客的最高赔偿金额为250000金法郎。

根据我国《民用航空法》的规定，国内航空运输是指根据当事人订立的航空运输合同，运输的出发地点、约定的经停地点和目的地点均在中华人民共和国境内的运输。可以看出，国内航空运输的以上三点都必须在我国境内。这与我们通常所说的国内航线或国内航班有相同之处，但并不完全一致。

例如，旅客的机票上载明是从北京经武汉到广州，或者不经停武汉从北京直达广州，这是国内航空运输，与我们日常所讲的国内航线的意思是一样的。如果机票上载明是从日本东京经上海再到北京，按我们通常的看法，上海至北京是国内航空运输，但按照《民用航空法》的规定，应该是国际航空运输。假如旅客在上海至北京航线上受伤，应依据国际条约的规定来确定赔偿数额。

**行业案例**

## ▶8·24黑龙江伊春坠机事故

2010年8月24日21时38分08秒，河南航空有限公司机型为ERJ-190、注册编号为B-3130号的飞机执行哈尔滨至伊春的VD8387班次定期客运航班任务，在黑龙江省伊春市林都机场距离30号跑道690米处（北纬47°44'52"，东经129°02'34"）坠毁，部分乘客在坠毁时被甩出机舱。机上乘客共计96人，其中儿童5人。事故造成44人遇难，52人受伤，直接经济损失30891万元。该事故属可控飞行撞地，事故原因为飞行员失误。

根据失事现场情况判断和幸存者回忆，飞机在空中没有发生燃烧或爆炸，初步调查没有发现人为破坏迹象。

2013年11月28日，黑龙江省伊春市伊春区人民法院正式开庭审理"8·24"黑龙江伊春坠机事故，伊春空难机长受审，被认定为涉嫌重大飞行事故罪。

经初步确认，遇难人员中有1人投保国际航空安全空难险，赔付1487万元。1人投保国际航空安全飞行事故险，赔付700万元；12人投保航空意外险，每人赔付130万元；34人投保中国人寿保险人身伤害险产品，每人赔付103万元；6人未投保，由河南航空有限公司赔付生命补偿及丧葬抚恤金每人96.2万元。经核实，失事飞机属中国民航机队统括保单标的，由人保财险、太保财险、平安财险三家公司共保，其中包括机身险、综合单一责任险。此外，伊春林都机场还投保了机场责任险。空难发生后，保监会立即要求黑龙江、河南保监局启动突发事件应急处理机制，部署保险机构迅速开展投保情况排查等保险服务工作。

河南航空有限公司在2010年8月30日公布了"8·24"坠机事故遇难旅客赔偿标准。依据2006年2月28日中国民用航空总局令第164号公布的《国内航空运输承运人赔偿责任限额规定》，国内民用航空运输旅客伤亡赔偿最高限额为40万元人民币，每名旅客随身携带物品的最高赔偿限额为3000元人民币，旅客托运的行李的最高赔偿限额为2000元人民币，共计40.5万元人民币。同时，考虑到2006年以来全国城镇居民人均可支配收入的累计增长幅度，赔偿限额调增至59.23万元人民币；再加上为遇难旅客家属作出的生活费补贴和抚慰金等赔偿，航空公司对"8·24"坠机事故每位遇难旅客的赔偿标准总共为96.2万元人民币（不含保险赔偿）。

然而，遇难旅客家属对于航空公司提出的赔偿标准及单方面签订的《责任解除书》不满，称这是"霸王条款"。由于家属们拒绝在《责任解除书》上签字，因此赔偿金尚未到位。"本人代表遇难旅客所有近亲属保证于本责任解除书签署后不再以任何形式（包括诉讼或其他任何形式）向全部被免除责任人、被免除责任人之一等提出任何有关的权利主张。"这是《责任解除书》的首条，也导致了家属们的强烈不满，认为这实质上是2004年包头空难事故处理方法的翻版，名义上可以给家属赔偿金，但意味着亲属在签字的同时自动放弃了对空难直接责任人的追诉权等。

## 四、空难罹难者家属及受伤乘客将会得到怎样的赔偿

一般情况下，空难罹难者家属及受伤乘客获得的赔偿包括两部分：第一，承运人（航空公司）所承担的赔偿；第二，保险公司所承担的赔偿，即航空意外伤害险（简称"航意险"）。航意险是保险公司为航空乘客专门设计的一种针对性很强的商业险种，它的保险期限从被保险乘客踏入保单上载明的航班（或等效航班）的舱门开始，到飞抵目的港走出舱门为止。它的保险责任

是被保险乘客在登机、飞机滑行、飞行、着陆过程中即保险期限内，因飞机意外事故，自伤害发生日起180日内身故或残疾，由保险公司按照保险条款所载明的保险金额给付身故保险金，或按身体残疾所对应的给付比例给付残疾保险金。

但是，保险公司承担赔偿的前提是乘客在登机前已经由其本人或旅行社代为购买了航空意外伤害险。如果没有购买，那么保险公司是不会赔偿的。如在2002年"5·7"大连空难中，就有44人（此数字还有待进一步确认）购买了航空意外伤害险。因此，这44人除可以得到航空公司所支付的赔偿金外，还可以得到保险公司所支付的赔偿金（每一保单20万元人民币）。

## 思考与练习

1. 简述乘客购票后应享有的权利。
2. 发生空难后，航空公司应承担的法律责任包括哪些方面？

# 任务三
# 行李运输的责任与赔偿

1. 了解行李赔偿的责任范围。
2. 熟悉行李赔偿的分类和标准。
3. 了解行李赔偿的诉讼事宜。

## ▶行李到底去哪里了

李女士乘坐12月15日的航班从伦敦经法兰克福到北京，行李未能同机到达，李女士在机场作了不正常行李运输的登记。行李查询室按照正常程序认真查找，但丢失的行李始终未能找到。根据李女士的申报，行李内装有衣物、学习文件、资料、数码照相机和电子词典等，总价值约29000元。李女士的父亲坚持认为航空公司除了应该按照最高限额给予赔偿外，还应该承担其女儿在此次行李运输事故中所承受的精神损失赔偿和由于行李内教学和学习资料丢失造成的间接损失，这样才能体现航空公司的真诚，并且拒绝接受航空公司按照限额标准给予的赔偿。经过多轮协商，航空公司最终在限额内为李女士进行了全额赔偿。

李女士的行李到底去了哪里？出现了这些问题究竟应该如何处理？

此案例中李女士的行李被遗失，属于行李的不正常运输。行李的不正常运输是指在行李运输过程中由于承运人的工作疏忽、过失或其他原因造成的行李迟运、遗失、少收、多收、错发、漏卸、破损、被盗等运输差错或运输事故。

## 一、行李赔偿的责任范围

中华人民共和国交通运输部令2021年第3号《公共航空运输旅客服务管理规定》关于行李运输的规定如下。

第三十五条　承运人、地面服务代理人、机场管理机构应当建立托运行李监控制度，防止行李在运送过程中延误、破损、丢失等情况发生。

承运人、机场管理机构应当积极探索行李跟踪等新技术应用，建立旅客托运行李全流程跟踪机制。

第三十六条　旅客的托运行李、非托运行李不得违反国家禁止运输或者限制运输的相关规定。

在收运行李时或者运输过程中，发现行李中装有不得作为行李运输的任何物品，承运人应当拒绝收运或者终止运输，并通知旅客。

第三十七条　承运人应当在运输总条件中明确行李运输相关规定，至少包括下列内容：

（一）托运行李和非托运行李的尺寸、重量以及数量要求；

（二）免费行李额；

（三）超限行李费计算方式；

（四）是否提供行李声明价值服务，或者为旅客办理行李声明价值的相关要求；

（五）是否承运小动物，或者运输小动物的种类及相关要求；

（六）特殊行李的相关规定；

（七）行李损坏、丢失、延误的赔偿标准或者所适用的国家有关规定、国际公约。

第三十八条　承运人或者其地面服务代理人应当在收运行李后向旅客出具纸质或者电子行李凭证。

第三十九条　承运人应当将旅客的托运行李与旅客同机运送。

除国家另有规定外，不能同机运送的，承运人应当优先安排该行李在后续的航班上运送，并及时通知旅客。

第四十条　旅客的托运行李延误到达的，承运人应当及时通知旅客领取。

除国家另有规定外，非旅客原因导致托运行李延误到达，旅客要求直接送达的，承运人应当免费将托运行李直接送达旅客或者与旅客协商解决方案。

第四十一条　在行李运输过程中，托运行李发生延误、丢失或者损坏，旅客要求出具行李运输事故凭证的，承运人或者其地面服务代理人应当及时提供。

## 二、行李赔偿的分类和标准

各个航空公司在行李赔偿具体实施方面都有自己的规定，总结各公司关于行李赔偿的规定，主要有以下方面。

### （一）临时生活用品补偿费

旅客托运的行李因延误运输未能与旅客同机到达，造成了旅客的旅途生活不便，可按照规定给予旅客临时生活用品补偿费，供旅客在等候行李到达期间临时购买必需的日用品。支付临时生活用品补偿费的规定具体如下。

（1）行李延误运输赔偿要求的受理时限，为从旅客到达后应收到行李之日起21天以内。

（2）旅客到达后，行李未能用当天的后续航班运达的，可以付给临时生活用品补偿费，并认真填写旅客行李差错通知单和临时生活用品补偿费付款单，报请承运人旅客服务部赔付。

（3）旅客的永久或长期住址在当地的，可不支付临时生活用品补偿费。

（4）临时生活用品补偿费由国内到达站行李查询部门一次付给旅客人民币100元。

（5）支付临时生活用品补偿费时应将所付金额填写在"行李运输事故记录"的"预付现金"栏内，并填开《临时生活用品付款单》，请旅客在付款单上签字。

付款单一式三联：

会计联，交财务报销；

旅客联，交给旅客；

存根联，附在"行李运输事故记录"上，以供赔偿时作参考。

经过查询确定旅客的托运行李已丢失需要赔偿时，临时生活用品补偿费应从赔偿金额内扣除。如行李经查询后找到，旅客不需要退还临时生活用品补偿费。

（二）运送行李服务费

行李丢失后，要求旅客长时间在机场等候行李是不恰当也是不可能的，一般旅客亦会要求承运人帮助运送行李至其住地。作为承运人，从完善服务、提供优质服务的角度出发，在具备条件的情况下，也应当制定相应规定，提供运送行李服务。

1. 服务流程

（1）当收到速运行李后，应立即按《行李运输事故记录》（PIR）中或速运牌上指示的旅客电话通知旅客及确定送交行李时间，然后按其地址（永久的或临时的）将行李送往旅客住地。

（2）将行李送交旅客，经确认为其所丢失行李后，应收回旅客收执的PIR或行李牌等领取凭证。

（3）如果同时有几件或成批行李需送交，则需事先作好安排，尽可能减少运送的往返次数以节约送行李服务的费用。

2. 送行李服务费的结算

送行李服务费结算时，应附有"送行李服务费收据"，并且收据上须有旅客签名。同时应附上原PIR复印件。如果是其他承运人委托交付的行李，则应附上该行李速运牌的复印件（包括速运牌上的交付指示）、速运行李运送电报及行李牌的复印件。

如果由公司或分公司属下的出租车（队）公司提供服务，则应制定相应的部门间结算规定。

（三）遗失行李赔偿

旅客所托运的行李未能随机到达，后经多方查找仍无下落，旅客提出索赔要求的，应予以办理遗失行李赔偿手续。遗失行李赔偿的受理时限为从行李应当交付收件人之日起7天以后至21天以内，需以书面形式提出索赔要求。

旅客提出的赔偿要求，一般应由到达站或事故发生站受理。如事故的发生不在始发站，旅客在始发站提出时也可以受理，但应当与原处理站（即填写《行李运输事故记录》的行李到达站）取得联系，在得到该站确认未作赔偿的通知，或得到该航班承运人正式委托函后方可办理。

1. 赔偿限额

（1）旅客所托运的行李遗失时，不论旅客所持的客票为全费、折扣或免费，均按损失行李的重量以每千克赔偿金额人民币100元为限赔偿，但不得超过损失行李的实际价值。

（2）如果旅客已办理行李声明价值，赔偿额以声明价值为限。

（3）发生损失、需要赔偿的行李的件数和重量，以客票上所填写的件数和重量为准。

（4）如果客票上没有填写件数和重量，或旅客声称其行李重量超过规定的免费行李额，除非旅客持有有效的逾重行李票，否则每位旅客损失的行李最多只能按旅客享受的免费行李额赔偿。

（5）当行李部分遗失时，除非旅客持有有效的逾重行李票，否则不管其实际重量如何，只能以该旅客享受的免费行李额以内行李实际重量减去已运到交付给旅客的其他部分行李的重量来计算其需要赔偿的重量。

（6）按照计件办法联程运输的托运行李发生损失时，除交付逾重行李费者外，每件行李的赔偿额以32千克为限。

（7）由于承运人过失所造成的每位旅客的非托运行李损失赔偿限额为人民币3000元。

**拓展阅读**

## ▶国航行李延误、损坏、丢失的规定

一、出现以下情况时，国航承担责任或承担部分责任：

1. 您的托运行李延误、毁灭、遗失或者损坏发生在航空器上或者处于国航掌管之下的任何期间内。

2. 您的非托运行李的毁灭、遗失或损坏发生在您上、下飞机过程中或飞机上，并且是由于国航的过错或者国航受雇人或代理人的过错造成的。

3. 在联程运输中，国航仅对国航实际承运的航段上的行李损失承担责任。但是，如果国航是联程运输的第一或最后承运人，无论您的行李损失发生在哪个航段，均可向国航申诉。

二、出现以下情况时，国航不承担责任或不承担全部责任：

1. 自然灾害或其他无法控制的原因。

2. 由于国航遵守或您没有遵守国家的法律、政府规章、命令和要求。

3. 由于行李的固有缺陷、质量或瑕疵造成的损失。

4. 国航证明为了避免延误损失的发生，已经采取了一切合理的措施或不可能采取此种措施的，不承担行李延误的赔偿责任。

5. 在行李运输中，经国航证明，损失是由您自身的过失造成或促成的，应当根据造成或促成此种损失的过错程度，相应免除或减轻国航的责任。

6. 国航所负的责任应不超过经证明的损失数额。对间接的或随之引发的损失，国航不承担责任。

7. 您在托运行李中夹带国航不建议在行李中托运的物品的损失，国航仅承担一般赔偿责任。

8. 由于您本人行李内装物品造成该行李的损失，国航不承担责任；由于您本人行李内装物品对他人物品或国航的财产造成损害，您应当赔偿国航的损失和由此支付的一切费用。

9. 行李交付时，您未对行李的完好提出异议，也不能提供由于国航的原因造成损失的证明，国航不承担责任。

10. 对于贴挂"免除责任行李牌"并经您签字的托运行李，国航不承担行李牌上已免除项目的运输赔偿责任。

11. 超过行李损失申报受理期限，国航不承担赔偿责任。

三、行李不正常运输赔偿：

1. 索赔时限

如您的托运行李发生损坏问题，您至迟应当自收到托运行李之日起7天内与国航联系，提出索赔申请。

如您的托运行李发生延误问题，您至迟应当自国航将托运行李交付给您之日起21天内与国航联系，提出索赔申请。

2. 赔偿限额

（1）国际航班。

对于《华沙公约》调整范围内的航班，行李赔偿限额为每千克17SDR。如行李的实际损失低于此标准，将根据行李的实际损失进行赔偿。每名旅客的非托运行李的赔偿限额为332SDR。

对于《蒙特利尔公约》调整范围内的航班，如您能提供合理的损失证明，将根据行李的实际损失进行赔偿，但每名旅客托运和非托运行李的赔偿总限额为1288SDR。

行李赔偿应根据国航有关行李运输的规定进行办理，具体事宜可咨询95583-1-6。

SDR指的是国际货币基金组织规定的特别提款权，SDR的价值可在www.imf.org查询。

（2）国内航班。

如您的托运行李全部或部分损坏、丢失，我们的赔偿限额为每千克人民币100元。如行李的价值低于每千克人民币100元时，按实际价值赔偿。每名旅客的非托运行李的赔偿限额为人民币3000元。

往来中国香港、中国澳门、中国台湾的参照国际航班规则执行。

3. 诉讼时效

您对我们提出赔偿责任的诉讼时效期限为两年，自飞机实际到达目的地之日算起，如未到达，从飞机应到达目的地之日算起，否则即丧失对行李损失的诉讼权。

2. 接受赔偿的基本程序

（1）在规定的时限内，旅客（如是代理人，应持有旅客亲笔签名的委托书）以书面形式提出赔偿要求，详细写明遭受损失行李的实际价值，提供必要的证明，并附有由旅客收执的《行李运输事故记录》及其他应填写的文件或表格。

（2）接到赔偿要求后，应请旅客或其代理人填写《旅客行李索赔单》，并且立即了解该项行李事故的查询及处理情况。如经查明并确定承运人应负责任，并且查询文件齐全，可提出赔偿处理意见，经审批后办理赔偿手续。一般情况下，旅客的书面赔偿要求可以用《旅客行李索赔单》代替。

（3）办理遗失行李赔偿时，应附有以下文件：①《行李运输事故记录》；②旅客的书面索赔要求，即《旅客行李索赔单》；③丢失行李内物调查表；④行李实际损失价值的必要证明（如发票）；⑤各种来往电报（所有查询电报和有关地点的回电或复印件三份以上）；⑥行李牌的行李领取联（或其复印件）；⑦全程各段客票复印件；⑧《行李赔偿费收据》，收据上应有旅客签名；⑨如果是逾重行李或声明价值行李的赔偿，还应有逾重行李票或声明价值附加费收据（或其复印件）；⑩行李保险单原件（如果有购买保险的）。

（4）赔偿案件受理后，应迅速按规定予以办理；如案件需要上报审批，应在受理后3日内提出处理意见并连同全部材料上报，按审批权限审批后办理赔偿手续。对需要上报审批的赔偿案件，最迟必须在受理旅客提出赔偿要求后的21天内将赔偿决定答复旅客。

（5）对于旅客提出的赔偿要求，经过分析、调查，确定事故责任不属于运输过程中的任何承运人时，受理站应及时答复旅客，说明理由和根据，同时退还有关票证和文件。

（6）遗失行李办理赔偿后，要在原档案及少收登记本内注明包括赔偿日期、金额、经办人等内容，同时在《赔偿记录本》上登记。

（7）旅客的行李发生损失，如经查询无法查明责任时，作为行李的到达站及航班所属承运人的代理人应负责办理赔偿手续，赔偿后将赔偿费转账给责任承运人进行结算。

（8）向其他承运人结算赔偿费的期限，按相关协议处理。超过赔偿限额规定的，应事先征得承运人的书面同意。

**（四）污染或破损行李赔偿**

旅客托运的行李在运输过程中因行李的外包装受到损伤或污染，致使行李的外包装或内装物品价值遭受损失，承运人应负赔偿责任。

破损或被污染行李赔偿一般由旅客发现行李损坏的所在航站（如转运站或目的站）受理。旅客至少必须在离开行李认领区域前向承运人或其代理人提出声明并办理运输事故记录，并且在提出声明之日起7天以内提出索赔。

1. 破损行李的赔偿

（1）仔细检查行李破损部位，并询问旅客交运行李时的具体情况，如行李交运前或交运过程中是否有异常情况发生、破损是否由行李过重造成等。如果是行李过重造成行李破损，不应当指责旅客，可以给旅客的行李过磅，以备后用。

（2）检查行李的损坏程度，询问旅客购买行李的价格、日期、地点（了解具体的购买场所，如自由市场、一般商场、高档宾馆饭店），提请旅客在可能的情况下出示购买行李箱的发票。

（3）一旦确认行李破损是承运人的原因造成的，承运人应该依据《中华人民共和国民用航空法》关于行李破损赔偿的相关规定对旅客进行赔偿。应先确认旅客的行李破损属于哪一类：轻度破损在旅客提出索赔要求时，可视情况在50～100元人民币内进行适当补偿；中度破损在旅客提出索赔要求时，可视情况在100～300元人民币内进行适当补偿；重度破损可对空箱本身称重后，国内按照每千克100元、国际按照每千克20美元（折合成当地货币）给予旅客赔偿，也可以请旅客按照与承运人或其代理人商量好的价格去市场购买，然后凭发票报销。

2. 破损行李赔偿费的结算

（1）破损行李赔偿应附有如下凭证：①旅客提供在提取行李时对其行李完好提出异议所作的事故记录，否则可不予受理；②行李装卸事故签证；③行李损失价值的必要证明（如购买行李箱的发票）；④行李牌的领取联（或复印件）；⑤如果是已声明价值的行李，应附声明价值附加费收据（或复印件）；⑥如果是已购买保险的行李，应附行李保险单（原件）；⑦行李赔偿费收据，并请旅客在收据上签名；⑧通知赔偿的电报。

（2）拴挂有"免除责任行李牌"的行李，在牌上用"√"符号所注明的项目，免除相应的运输责任。

（3）如行李的外包装完好无损，除非旅客能证明是承运人的过失所造成的，否则承运人对行李的内装物品的损坏不负赔偿责任。

3. 被污染行李的赔偿

（1）认真检查被污染行李，确定污染是属于承运人的过失还是旅客原因造成的，以明确责任。

（2）如确定属承运人的责任，则作以下处理：①如果可以清理或清洗的，应尽量作清理或清洗处理，承运人将按规定在责任范围内承担清理或清洗费用；②计赔可根据丢失行李的赔偿标准，除非旅客能出示有效的声明价值附加费收据和逾重行李费收据或保险单，否则以上赔偿费用按每千克100元人民币计算，根据受污染物品的实际重量计赔，并且计赔重量不超过旅客所享受的免费行李额。

**（五）内物丢失行李赔偿**

旅客提取到托运行李时发现行李内有部分物品遗失，称为内物丢失。内物丢失如果是在承运人监管时间内及管辖范围内发生的，并且是承运人责任造成的，承运人应负赔偿责任。

1. 索赔时限

旅客应在离开行李提取区域前提出声明，并于声明之日起7天内向发现内物丢失的所在地航站提出索赔。

2. 内物丢失行李的赔偿标准

（1）内物丢失行李按丢失物品的实际价值赔偿，赔偿金额可参照当地同样物品的价格，但每千克的赔偿额以100元人民币为限。

（2）按所丢失内物的重量在全部托运行李重量中的比例承担责任。

（3）如属已声明价值的行李，由旅客出示有效的声明价值附加费收据，以所声明价值为赔偿限额。

（4）如所托运行李逾重，以旅客出示的有效逾重行李票为依据，以已交逾重费的逾重后总重量为计赔重量限额。

3. 处理程序

内物丢失行李赔偿处理程序同遗失行李赔偿处理程序。

**行业案例**

## ▶行李托运遗失索赔11万，法院判决只赔180元

【黄南普法】2019年2月，刘先生携妻儿举家南迁，搭乘某航空公司航班由郑州飞往上海。到达上海后，刘先生发现托运行李中的一个装有贵重物品的纸箱不见了，于是办理了行李遗失登记手续。交涉过程中双方发生纠纷，刘先生遂向法院提起诉讼，要求航空公司赔偿经济损失及补办证件发生的差旅费、误工费1.9万余元，共计近11万元。

法院经审理认为，外出旅游或在酒店住宿时，贵重物品应当随身携带是成年人应当知道和理解的一般生活常识，乘坐飞机也不例外。

刘先生报失的名贵手表、金银饰品、债权凭证、学历证明等物品体积并不庞大，能够随身携带。但刘先生以纸质盒箱采用简易包装后进行托运，从财产防损的安全性角度考虑，做法有失妥当。

因此，法院根据《国内航空运输承运人赔偿责任限额规定》第三条判令航空公司赔偿刘先生180元，驳回刘先生其余诉讼请求。

**行业案例**

## ▶托运行李十多个名牌包不翼而飞　责任难查

上海市民吴先生与朋友从美国旅游归来，惊愕地发现几乎所有人托运的箱包都被翻动了，大家在境外买的几个名牌包不翼而飞。像这种托运行李"内物遗失"现象，其实在国际航班上并不少见。

据民航人士介绍，每件行李从托运到取回，至少要经历四批行李搬运工之手，而停机坪上安装的摄像头也不能保证清晰拍摄到每一处角落，所以一旦出现"内物遗失"，责任往往很难认定。旅客如果有贵重行李，最好随身携带，或者至少将托运的行李箱上锁，以确保有备无患。

## 三、行李赔偿要求的提出和处理

（1）托运行李发生损坏或者延误，旅客应当在发生损坏或者延误后立即向承运人提出异议。

（2）旅客领取了托运行李后，若发现托运行李发生损坏的，行李赔偿要求最迟应当在实际收到托运行李之日起7天内提出。

（3）托运行李发生延误的，行李赔偿要求最迟应当在托运行李交付旅客之日起21日内提出。

（4）由于航空公司责任造成旅客行李丢失、破损等，旅客必须在该行李应当交付之日起的7日内凭《行李运输事故记录》或《破损行李记录》向受理站提出索赔要求。

（5）受理站在接到旅客的行李索赔要求时，应于3天内查明情况和原因，7天内决定是否赔偿，并将处理意见答复旅客。如受他站委托处理旅客索赔要求时，须在3天内将委托站办理赔偿的决定答复旅客。

（6）收到国际航班旅客的行李赔偿要求时，应立即查找。21天后仍查找不到时，如手续完备，可按照有关规定赔偿。

（7）航空公司不受理旅客本人以外的其他人的索赔，除非索赔人已经取得旅客本人签名的授权书。

（8）行李索赔可在行李的始发站、目的站办理。旅客如对航空公司的赔偿有不同意见，可在受理点、办理地点或航空公司法定所在地点提起诉讼。

（9）行李赔偿受理的处理包括以下三个方面。

①受理要求：受理赔偿时，应核实航空公司有无运输责任。航空公司无运输责任的，应及时答复旅客，说明不予赔偿的理由和根据，退还旅客所有有关票证和文件。航空公司有运输责任的，如旅客有索赔要求，应为旅客办理赔偿。

②受理依据：受理赔偿时，应备齐所需文件和资料。

③审批权限：行李破损在500元以内的赔偿，由行李查询部门批准；在规定免费行李额内的赔偿，由航空公司机场商务办批准；超过上述限额和范围的赔偿，由航空公司市场销售部批准。

## 四、行李赔偿的诉讼

旅客对承运人的赔偿如有不同意见，可在受理站、处理站或承运人法定所在地的法院提出诉讼。诉讼应从飞机到达目的地之日起，或从飞机应当到达目的地之日起，或从运输终止之日起两年内提出，否则旅客就丧失诉讼权。

**思考与练习**

1. 行李的不正常运输指的是什么？
2. 行李的赔偿可分为哪几类？

# 任务四
# 航空保险

1. 了解航空保险的概念。
2. 知道航空保险的分类。
3. 了解航空保险费的确定及保险理赔事宜。

## 一、航空保险的概念

航空保险是以航空飞机旅行为保险标的的一种保险，是财产保险的一种，属于内陆运输保险范畴，主要承保与航空有关的各种空中与地面的损失，包括对航空器制造、航空器所有权、航空器运行及维修可能产生的风险予以保险，对地面航行设施（机场建筑物及其设备、导航设备等）予以保险，对使用航空器进行经营活动可能产生的风险予以保险。

航空运输业在国家的经济发展中占有重要的地位，它的主要生产工具飞机价格昂贵、投资巨大，运营中一旦发生事故，不但影响航空公司的生产经营，还牵涉旅客、货物和第三者的人身与财产损失，损失金额可能高达数千万甚至数亿美元。如此巨额的损失对于任何一家航空公司来讲都是难以承受的，因此投保航空保险、将风险由多个组织分担不失为一种防灾防损的明智选择。

我国民航于1974年9月29日起正式向中国人民保险公司投保飞机保险，最初投保飞机的数量只有4架。随着航空运输业务的发展和飞机的不断引入，投保飞机的数量也不断增多。目前，中国民航的飞机不论是购入的还是租入的都进行了投保，航空保险对促进我国民航的发展起到了一定的积极作用。

## 二、航空保险的种类

航空保险的种类很多，主要有航空器机身险、机身战争险、法定责任险、航空旅客人身意外伤害保险、机组人员的人身意外保险、航空器残值保险、机场责任险、航空器生产厂产品责任险、政治险等。

### （一）航空器机身险

航空器机身险主要承保航空器在飞行和滑行中以及在地面停航时，被保险航空器的机身、发动机及附件设备的损坏、失踪，以及航空器发生碰撞、跌落、爆炸、失火等不论何种原因而造成航空器的全损或部分损坏，保险人负赔偿责任。此保险还负责因意外事故或自然灾害引起的航空器拆卸、重装、运输和清除残骸的费用，也承保航空器发生上述自然灾害和意外事故时所支付的合理施救费用，但最高不超过航空器机身保险金额的10%。

航空器机身险分为国际航线机身险和国内航线机身险两种，前者需要使用外币投保，后者用人民币投保即可。对于用外币投保的机队，中国人民保险公司还将其拿到伦敦国际保险市场上进行分保险。

另外，在航空器机身险的保单中，还规定以下与机身险发生有关的费用均由保险公司赔付，不论航空器是全损还是部分损坏。

（1）事故发生后的施救费用，一般不应超过保险金额的10％，但若事先征得保险公司同意则可不受此限制。

（2）航空器从出事地点运往修理厂的运输费用。

（3）损坏航空器修理后的试飞及进行检验的合理费用。

（4）修好后的航空器运返出事地点或其他指定地点的运输费用。

但由于以下原因而引起的飞机的损失或损坏保险公司不予赔偿。

（1）机械故障、磨损、断裂和损坏及飞机设计上的缺陷和失误，这些问题实际上是一种正常的运营消耗，而不是保险应承担的责任。

（2）由于石块、碎石、灰尘、沙粒、冰块等所引起的吸入性损坏，致使飞机发动机逐渐损坏，这通常也被认为是"磨损、断裂和慢性损坏"，因而也不予赔偿。但由于单一事故而引起突然性的吸入性损坏，从而使得发动机立刻不能工作的情况应列入保险范围内，给予保险赔偿。

（3）战争及相关的危险，属于机身战争险承保范围。

（4）航空器不符合适航条件而飞行。

航空器机身险中投保的金额通常是约定价值。与一般财产险不同，保险公司在承保时都需要在保险单中规定一个免赔额。一旦发生事故，保险公司要根据免赔额来确定保险赔偿额。

保险期限一般为1年定期保险。

#### （二）机身战争险

除外责任意味着上列情况在保险赔偿范围之外，但有时航空企业又确实需要就某些除外责任的事故进行保险，这时可采取机身附加险的形式获得赔偿。这里主要介绍机身战争险。

1. 承保范围

机身战争险承保由下列原因引起的飞机损失或损坏。

（1）战争、入侵、外敌行动、内战、叛乱、起义、军管、武装夺权或篡权。

（2）罢工、暴动、国内暴乱、劳工骚乱。

（3）一人或多人出于政治或恐怖主义的目的而采取的任何行动。

（4）任何第三者的恶意行为或阴谋破坏活动。

（5）任何政府或公众或地方当局采取的或按其命令采取的充公、国有化、扣押、占用或征用。

（6）未经被保险人同意，机上任何一人或几人在飞行中对飞机或机组人员进行劫持或非法扣押或错误操作（包括这种扣押或操作的企图）。

2. 除外责任

机身战争险保险单受理由上述危险而引起的各种索赔，但不承保由下列任何一个或几个因素引起的损失、损坏或支出。

（1）下列五国中任何两国之间发生的战争：美国、英国、法国、俄罗斯、中国。一旦上述国家中的任何两个国家发生战争（不管是否宣战），该保险单自动失效。

（2）发生原子武器或放射性武器爆炸、核裂变和核聚变或其他类似反应，不论是带有敌意的还是其他什么原因。一旦发生上述情况中的任何一种，保险单自动终止。

（3）因财务原因和营运原因而造成的损失。

机身战争险一般是作为机身一切险的一种特别附加险承保的，因此其投保的金额也是约定价值，但其通常没有免赔额。

（三）法定责任险

法定责任险承保飞机在营运过程中（飞行及起降过程中）因意外事故而导致人身伤亡或财产损失而应由被保险人承担的经济赔偿责任，保险公司负责赔偿。飞机法定责任保险包括旅客责任险（含行李）、货物责任险、邮件责任险及第三者险四种。下面介绍法定责任险中的两种主要险别：旅客法定责任险和第三者责任险。

1. 旅客法定责任险

旅客法定责任险承保旅客在乘坐或上下飞机时发生意外，造成旅客的人身伤亡及其所带行李（包括手提行李和交运行李）物品的损失，依法应由被保险人（航空承运人）承担的赔偿责任，保险公司给予赔偿。本保险单中的旅客是指购买飞机票的旅客或航空运输企业同意免费搭载的旅客，但不包括为履行航空运输企业的飞行任务而免费搭载的人员。

2. 第三者责任险

第三者责任险承保飞机在营运中由于飞机坠落或从飞机上坠人、坠物而造成第三者的人身伤亡或财产损失应由被保险人承担的赔偿责任，保险公司负责赔偿。但属于被保险人的雇员（包括机上和机场工作人员）、被保险飞机上的旅客的人身伤亡或财产损失均不属于第三者责任险承保范围。

此外，法定责任险还负责与事故发生有关的费用支出，如事故发生后的搜索和施救费用，为减少事故损失及损坏而采取的措施的成本、清除飞机残骸的费用等。通常规定上述这些费用成本的最高给付限额为每次事故300万美元。另外，保险公司对因涉及被保险人的赔偿责任而引起的必要的诉讼费用也予以负责。

法定责任险对被保险人的投保总额作了限制。保险单规定任一事故的保险总额或保险期内发生的累计损失的保险总额限制在10亿美元，即本保险单规定的责任保险的最高赔偿额为10亿美元。法定责任险的保险费按航空公司承运的旅客"客千米"计收。

（四）航空旅客人身意外伤害保险

航空旅客人身意外伤害保险简称"航意险"，航意险的保险责任是指被保险的乘客在登机、飞机滑行、飞机着陆过程中即在保险期限内因飞机意外事故导致人身伤害造成身故或残疾时，由保险公司按照保险条款所载明的保险金额给付身故保险金，或按身体残疾所对应的给付比例给付残疾保险金。

　　保险金额按份计算，每份保险金额为人民币40万元。同一被保险人最高保险金额为人民币200万元。保险费由投保人在订立合同时一次交清，每份保险费为人民币20元。

　　上述四个险种是目前我国各大航空公司普遍投保的险种。

## 三、航空保险金额及保险费的确定

　　航空保险的保险金额一般为约定价值，由投保人和承保人双方商定。一旦发生意外事故造成飞机全损，由保险公司按约定的保险金额赔付；如果飞机只是部分损失，保险公司只赔付实际损失和飞机免赔额之间的差额；如果实际损失小于免赔额，保险公司不予赔偿，损失由投保人自己承担。

　　飞机免赔额根据机型及险种不同而有所不同。

## 四、航空保险的理赔

　　如果被保飞机在保险期内发生事故，投保人有权向保险公司索赔，保险公司随即开始理赔工作。航空保险理赔工作的一般程序如下。

　　**（一）及时通知，保护现场**

　　被保飞机发生事故后，无论损失大小，投保人都应该立刻通知保险公司，随后提出出险报告并注意保护好现场。保险公司接到出险报告后，应尽快通知海外分保人。

　　**（二）现场调查，损失检验**

　　保险公司接到损失通知以后，应立刻派有关人员赶赴现场调查取证、检验受损程度、估计赔偿金额，航空公司应提供协助和方便。此外，海外分保人如果提出参加检验的要求，可由航空公司与保险公司酌情安排海外分保人指定的检查人员参加联合检验与理赔，以便于进行向外摊赔的工作。

　　**（三）审核索赔单证**

　　保险公司在进行现场调查后，还必须严格审核航空公司提交的各种索赔单证。与事故有关的索赔单证主要包括以下内容。

　　（1）出险旅客名单及伤亡的有效证明，旅客行李、物件交运记录及损失单证。

　　（2）第三者索赔的有效证明。

　　（3）飞机起飞后至出事前与机场指挥塔台调度之间联系的录音带，飞机起飞和出事时的气象情况。

　　（4）飞机适航证书、机组人员飞行证书、地面机械师证书的影印件。

　　（5）飞机机务维修工作记录。

　　**（四）赔付及结案**

　　索赔单证经审核无误，保险公司即可与投保人协商确定赔款金额，然后扣除应扣的免赔额或飞机残值，即可得出实赔数额。赔付时签订一份"×××事故结案协议书"，经双方签字或盖章后即可结案，并解除保险公司的一切责任。

**思考与练习**

1. 简述航空保险的概念。

2. 航空保险的种类有哪些？